위풍당당
동사사전1

動詞

위풍당당
동사사전1

정제원 지음

생각을 키워 주는
위풍당당 동사사전

서문

· 생각을 키워주는 초등국어 동사사전

한 가지 동사는 두세 가지 이상의 전혀 다른 뜻을 가질 때가 많습니다. 예를 들어 '가지다'의 경우, ① 자기 것으로 지니다, ② 모임이나 행사를 치르다, ③ 도구나 수단으로 이용하다, 이렇게 세 가지 뜻이 있습니다. 이 세 가지 뜻을 고루 이해하지 못한다면, '가지다'의 뜻을 제대로 아는 것이 아닙니다. 이 책을 읽다 보면, 알고 있다고 생각하는 동사의 뜻이 사실은 그 동사의 여러 가지 뜻 중 하나에 불과하다는 사실을 깨닫게 됩니다.

모든 어휘가 다 그렇겠지만, 동사 역시 문장을 통해 그 뜻을 이해하는 것이 좋습니다. '가지다'의 첫 번째 뜻을 '자기 것으로 지니다' 하고 외우는 것보다는 "나의 방을 가지다." 같은 문장을 통해 이해하는 것이 효과적이란 말입니다. 그런데, 생각해 보세요. 한두 해 후면 중학교에 진학하는 학생이, '가지다' 하면 떠오르는 문장이 기껏해야 "나의 방을 가지다."이어서는 안 됩니다. 그래서 이 책은 조금 더 내용이 알찬 글을 통해, '가지다'의 첫 번째 뜻을 이해할 수 있도록 도와줍니다. 이렇게 말이죠.

 "임진왜란을 일으킨 도요토미 히데요시(1536-1598)는 조선의 도자기를 닥치는 대로 빼앗고, 도자기 기술자들을 모조리 잡아오라고 명했어요.
 사실 일본은 임진왜란 이전부터 줄곧 조선의 '도자기 문화'를 탐냈어요. 당시 백자를 만들 수 있는 기술은 전 세계에서 중국과 한국만 가지고 있었는데, 일본은 중국의 화려한 도자기보다 조선의 소박하면서 우아한 도자기를 좋아했어요.
 임진왜란 후 일본에서는 도자기 문화가 꽃피우기 시작했어요. 잡혀간 조선의 도공들 덕분에 조선보다 더 뛰어난 기술을 가지게 된 일본은 유럽으로 도자기를 수출하여 엄청난 이득을 보았어요. 이런 면에서 보면 임진왜란은 문화 약탈 전쟁이었던 셈이에요."

이 글을 통해서 우리는 몇 가지 생각을 할 수 있어요. ① 사람들은 일반적으로 자기에게 없는, 그래서 탐이 나는 것을 '가지고' 싶어 한다. ② 임진왜란 때 일본의 통치자도 그랬는데, 그가 꼭 '가지고' 싶었던 것은 바로 조선의 '도자기 기술'이었다. ③ '집'이나 '방'과 같이 손으로 만질 수 있는 구체적인 물건 말고 '도자기 기술'같이 추상적인 것에도 '가지다'라는 동사를 쓸 수 있다. ④ 가지고 싶은 문화를 약탈하는 것이 전쟁의 중요한 목적일 수도 있고, 전쟁의 결과로 황금이나 노예가 아니라 문화를 가지게 되는 수도 있다.

이 책은 초등학교 고학년 어린이들이 국어동사의 다양한 뜻을 이해할 수 있도록 도와주는 책입니다. 하지만 우리가 이 책을 통해서 배우게 되는 것은 동사의 뜻만이 아닙니다. 자연 현상, 역사적 사건, 위인들의 에피소드, 문화와 풍속에 대한 글을 읽으며, 생각하는 법도 배우게 됩니다. 동사는 아주 오랜 세월 동안 우리가 생각하고 행동하던 일들이 언어로 굳어진 것이기 때문입니다. 어린이 독자 여러분들이 이 책을 통해 국어동사에 대한 풍부한 지식과 넓은 생각을 갖게 되기를 바랍니다.

2020년 2월 지은이 씀.

Contents

가라앉다	4

<ㄱ>
가라앉다	12
가르치다	14
가지다	16
갈다1	19
갈다2	22
건지다	24
걸다	27
긁다	30
기울어지다	33
깎다	36
깨다	38
꺾다	41

<ㄴ>
나다	44
나타나다	48
낳다	51
내다	53
내리다	56
넘다	59
녹다	62
누르다	65
느끼다	67

<ㄷ>

덮다	70
되다	74
들다 1	77
들다 2	80
들어오다	83
들여다보다	86
떨어지다	89
뛰어넘다	93

<ㅁ>

막다	95
만나다	97
만들다	100
맞다1	103
맞다2	106
맞다3	109
매달리다	111
맺다	113
무너지다	116
밀다	119

<ㅂ>

받다	121
밟다	125
배우다	128
버리다	130
보다	134
부딪치다	137
부르다	139
빠지다1	142
빠지다2	144
뽑다	146

<ㅅ>

사라지다	148
사로잡다	151
살다	154
생기다	157

<ㅇ>

어울리다	160
얻다	162
엮다	165
오르다	168
이루어지다	171
읽다	173
잃다	175

<ㅈ>
자리잡다	178
잡아먹다	180
지키다	183
짓다	185

<ㅊ>
찾다	187
치르다	190

<ㅋ>
키우다	192

<ㅌ>
터지다	194

<ㅍ>
팔다	197

<ㅎ>
흐르다	200

참고문헌	203

가라앉다

- **가라앉다**

가라앉+거든요 → 가라앉거든요
가라앉+아 → 가라앉아
가라앉+은 → 가라앉은
가라앉+아요 → 가라앉아요

① 물 위에 떠 있거나, 물 속 혹은 공기 중에 섞여 있던 것이 아래로 내려와 바닥에 쌓이다.

"미숫가루는 찹쌀, 멥쌀, 보리쌀 따위를 쪄서 말린 후, 그것을 다시 볶고, 맷돌에 갈고, 체로 쳐서 만든 미세한 가루예요. 그리고 이 미숫가루를 꿀물에 타서 만든 전통 음료를 '미수'라고 해요. 주로 더운 여름에 만들어 마셔요. 다이어트, 피부 미용, 뼈 강화, 고혈압 예방 등에 효과가 있죠.
미수는 긴 수저로 저어 가면서 마시는 것이 좋아요. 가만히 두면 미숫가루가 가라앉거든요. 미수는 미숫가루가 꿀물에 잘 섞여 있어야 맛있답니다."

* 찹쌀 : 찰벼를 찧은 쌀. 찰벼는 낟알에 찰기(끈적끈적한 성질)가 있는 벼를 말한다.
* 멥쌀 : 메벼를 찧은 쌀. 메벼는 낟알에 찰기가 없는 벼를 말한다.
* 찌다 : 뜨거운 기운으로 익히거나 데우다.
* 체 : 가루를 곱게 치는 데 쓰는 기구.

② 흥분, 아픔, 노여움 같은 것들이 줄어들다.

"우리 팀이 많은 점수 차이로 패하고 있어서 그런지 관중석의 분위기는 많이 가라앉아 있어요. 어떤 관중은 일찍 경기장을 떠나고, 어떤 관중은 스마트폰으로 영화를 보기도 하네요. 응원가를 따라 부르지 않는 관중도 많아요.
이렇게 가라앉은 분위기에서는 선수들도 경기하기가 싫을 것 같아요."

③ 바람이나 물결이 잠잠해지다.

"어부 김 노인은 오늘 밤에도 배를 몰고 돌섬으로 향해요. 그 섬 주변 바다는 물결이 거세기로 유명해요. 대신 물고기가 많이 잡히지요. 물론 돌섬 주변의 바다가 하루 종일 물결이 거센 것은 아니에요. 자정이 지난 후부터 다음날 아침까지 두어 차례 정도는 물결이 가라앉아요. 그때 김 노인은 정신없이 물고기를 낚아 올린답니다."

가르치다

· **가르치다**

가르치+ㄹ → 가르칠
가르치+어 → 가르쳐
가르치+신 → 가르치신

① 상대편이 아직 모르는 일을 알도록 일러주다.

"헬렌 켈러가 아직 많은 단어들을 익히기 전의 일이에요. 뜰에 핀 제비꽃 몇 송이를 따서 앤 설리번 선생님께 드렸어요.
고마운 마음에 선생님은 제자를 포근히 감싸 안고, 제자의 손바닥에 '나는 헬렌을 사랑해'라고 쓰셨어요. '사랑이 뭐예요?' 헬렌이 물었어요. 선생님은 제자의 심장을 가리키며 '그건 여기에 있단다,' 하고 말씀하셨어요. 그때 처음으로 헬렌은 심장이 뛰고 있다는 것을 알았어요.
그 누구도 앤 설리번만큼 사랑을 정확히 가르칠 수는 없을 거예요. 헬렌만큼 사랑을 정확히 배울 수는 없을 거예요."

* 익히다 : 서투르지 않을 정도로 여러 번 해 보아 솜씨가 있게 하다.
* 제비꽃 : 제비꽃과에 속한 다년생풀. 높이는 12센티미터 정도이며, 4~5월에 잎 사이에서 꽃줄기가 나와 그 끝에 한 개씩 자주색의 꽃이 핀다.

② 잘못된 버릇 따위를 고쳐서 바로잡다.

 "수진이는 엎드려 책을 읽는 나쁜 버릇이 있어요. 중학교에 진학하기 전까지는 그렇게 책을 읽는 버르장머리를 확실히 가르쳐 놓아야 되겠어요. 독서습관을 바로잡아 주면 아이의 집중력이 좋아진다고 해요."

* 진학(進學) : 상급학교에 감.
* 버르장머리 : '버릇'을 예쁘지 않게 표현하는 말.

③ 돈을 들여, 교육기관에서 배우게 하다.

 "평생 고된 노동을 해서 가난한 이웃 아이들을 대학까지 가르치신 할아버지, 이제 돌아가실 날을 앞두고 자신의 전 재산을 대학교에 기부하는 할머니. 이런 분들 소식이 가끔씩 우리 귀에 들려옵니다. 알려지지 않았을 뿐 그런 분들이 또 얼마나 많을까요? 마음이 훈훈해집니다."

* 기부(寄附) : 남을 돕기 위해 돈이나 물건을 내 놓음.
* 훈훈해지다 : 마음을 부드럽게 녹여주는 따스함이 느껴지다.

가지다

· 가지다

가지+고 → 가지고
가지+게 → 가지게
가지+었어요 → 가졌어요

① 자기 것으로 하다. 혹은 지니다.

"임진왜란을 일으킨 도요토미 히데요시(1536-1598)는 조선의 도자기를 닥치는 대로 빼앗고, 도자기 기술자들을 모조리 잡아오라고 명했어요.
 사실 일본은 임진왜란 이전부터 줄곧 조선의 '도자기 문화'를 탐냈어요. 당시 백자를 만들 수 있는 기술은 전 세계에서 중국과 한국만 가지고 있었는데, 일본은 중국의 화려한 도자기보다 조선의 소박하면서 우아한 도자기를 좋아했어요.
 임진왜란 후 일본에서는 도자기 문화가 꽃피우기 시작했어요. 잡혀간 조선의 도공들 덕분에 조선보다 더 뛰어난 기술을 가지게 된 일본은 유럽으로 도자기를 수출하여 엄청난 이득을 보았어요. 이런 면에서 보면 임진왜란은 문화 약탈 전쟁이었던 셈이에요."

* 임진왜란(壬辰倭亂) : 조선 선조 25년(1592) 임진년에 일본이 침입한 전쟁.
* 도공(陶工) : 도자기를 만드는 일을 직업으로 하는 사람.
* 약탈(掠奪) : 폭력을 써서 남의 것을 억지로 빼앗음.

② **모임이나 행사를 치르다.**

"별을 관찰하는 과천 어린이 모임 '별사랑' 회원들이 지난주 과천 과학관에서 신입회원 축하 모임을 가졌어요. 이날 모임에는 회원 13명 모두 참석해, 신입회원인 김연우, 문시현, 두 명의 친구들을 환영해 주었어요."

③ **도구나 수단으로 이용하다.**

"아이들은 모래를 가지고 하는 놀이를 좋아해요. 물론 모래 놀이는 많은 장점이 있어요. 첫째 부드러운 모래를 만지면서 마음이 안정되죠. 둘째 손으로 하는 모든 놀이가 다 그렇듯 머리가 좋아져요. 셋째 모래 자체가 정해진 모양이 없고, 노는 데 필요한 규칙도 없기 때문에 상상력을 마음껏 펼칠 수 있어요."

* 규칙(規則) : 여러 사람이 다 같이 지키기로 한 법칙.
* 상상력(想像力) : 실제로 경험하지 않은 현상이나 사물에 대하여 마음속으로 그려 보는 힘.

갈다1

· 갈다1

갈+아서 → 갈아서
갈+ㄹ → 갈
갈+는 → 가는
갈+아야 → 갈아야
갈+거나 → 갈거나
갈+면 → 갈면

① 날을 세우거나 겉을 매끄럽게 하기 위해 단단한 물건에 대고 문지르다.

"예전에는 칼이나 낫 또는 도끼를 숫돌에 갈아서 날을 세웠어요. 그래서 농가는 물론, 도시의 가정에서도 숫돌 한두 개는 반드시 갖추고 있었죠.
 하지만 요즘에는 칼 자체의 성능이 좋아져서 숫돌을 쓸 일도 줄어들었고, 손쉽게 칼을 갈 수 있는 전동 칼갈이도 많이 보급되었어요. 그러다 보니, 슥삭슥삭, 물을 뿌려 가면서 숫돌에 칼을 가는 소리는 점점 듣기 힘들게 되었어요.
　그렇지만 숫돌을 선호하는 주부나 요리사들이 요즘도 제법 있다고 해요. 그래서 가까운 슈퍼에서, 혹은 온라인 쇼핑몰에서 성능 좋은 숫돌을 쉽게 구입할 수 있어요. 꼭 필요한 물건은 시대가 변해도 살아남는가 봅니다."

* 숫돌 : 칼이나 낫 같은 연장을 갈아 날을 세우는 데 쓰는 돌.
* 성능(性能) : 기계 따위의 성질과 기능.
* 전동(電動) : 전기로 움직이는 것.
* 보급(普及) : 어떤 것을 널리 퍼뜨리는 것.
* 선호(選好) : 여럿 가운데 특별히 좋아하는 것.

② 곡식이나 과일을 잘게 부수기 위해 단단한 것으로 으깨다.

"엄마는 아침마다 싱싱한 당근을 믹서로 갈아서 주스를 만드세요. 예전에 쓰던 믹서는 성능이 그다지 좋지 않아서, 콩알만 한 당근 덩어리가 주스에 들어 있었어요. 하지만 이번에 새로 산 믹서는 당근을 아주 잘게 부술 수 있어서, 마실 때 좋아요."

③ 먹을 벼루에 대고 문질러 먹물을 만들다.

"붓글씨를 단정하게 잘 쓰려면 먹 가는 법부터 제대로 배우는 것이 좋아요. 먹은 벼루와 수직이 되도록 똑바로 쥐고 시계방향으로 천천히 돌리면서 부드럽게 갈아야 해요. 성급

한 마음에 너무 빨리 갈거나 너무 강한 힘을 주어 갈면 먹물이 죽처럼 되고, 먹 색깔도 맑지 않게 된답니다."

갈다2

- 갈다2

갈+다 → 갈다
갈+는 → 가는
갈+아 → 갈아
갈+아야 → 갈아야
갈+고 → 갈고
갈+지 → 갈지
갈+았어요 → 갈았어요
갈+아서 → 갈아서

① 이미 있는 물건을 다른 물건으로 바꾸다.

"생각해 보면, '갈다'는 우리들이 실생활에서 정말 많이 쓰는 동사예요. 우리의 삶 자체가 끊임없이 가는 것이라 그런가 봐요.
　우리는 양말을 갈아 신고, 어항 물을 갈아 주고, 깜빡거리는 형광등도 갈아야 해요. 탁상시계가 멎으면 건전지를 갈고,

양치질이 시원찮으면 칫솔을 갈고, 컴퓨터도 성능이 떨어지면 주요 부품을 갈아야 하죠. 신발에 물이 새면 새것으로 갈고, 계절마다 이불도 갈고, 해가 바뀌면 달력도 갈고……. 온통 가는 일이잖아요.

 우리는 살아가면서 무엇이든 제때 잘 갈아야 해요. 특히 위생과 관련된 물건과 안전에 필요한 물건을 제때 갈지 않으면 큰일이 나요. 뉴스에 나오는 안 좋은 사건 혹은 사고 중에는 무엇인가를 갈아야 할 때 제대로 갈지 않아 생긴 것들이 많아요."

② 어떤 직책에 있는 사람을 다른 사람으로 바꾸다.

 "대통령은 이번 공무원 부정부패 사건에 관련된 장관 3명을 모조리 갈았어요. 하지만 야당은 장관을 갈아서 될 일이 아니라며, 대통령의 대국민 사과를 요구하고 있답니다."

 * 부정부패(不正腐敗) : 사회가 바르지 않고 깨끗하지도 않은 것.
 * 야당(野黨) : 현재 정권을 잡고 있지 않은 정당.

건지다

· 건지다

건지+ㄴ → 건진
건지+어 → 건져
건지+기 → 건지기
건지+고 → 건지고

① 생명, 혹은 매우 소중한 것을 구하다

"1927년 어느 여름이었어요. 세균을 키우는 데 관심이 많았던 영국의 과학자 플레밍(1881-1955)은 큰 실수를 했어요. 휴가를 떠나면서 포도상 구균(식중독 등을 일으키는 세균) 배양 접시를 배양기 안에 넣어두지 않았던 거예요.
휴가를 마치고 돌아온 플레밍은 깜짝 놀랐어요. 세균 배양 접시에 곰팡이가 슬어 있고, 포도상 구균은 모두 죽어 있었던 거예요. 아래층에 사는 과학자의 실험실에서 곰팡이가 올라왔던 모양이에요.
이후 플레밍은 실험을 거듭한 끝에 곰팡이에 항균작용이

있는 성분이 있어서 포도상 구균을 죽인다는 사실을 알아냈어요. 그리고 그 항균 성분만을 뽑아내어 최초의 항생제를 만들었어요. 이름은 '페니실린'인데, 아래층 과학자의 실험실에서 올라온 곰팡이가 '페니실리엄 노테이텀'이어서 그렇게 지었다고 해요.

페니실린은 모르핀, 아스피린과 함께 세계 3대 의약품이라고 불려요. 지금까지 페니실린으로 건진 생명의 수는 아마 세지 못할 거예요."

* 세균(細菌) : 몸이 세포 하나로 된 아주 작은 생물.
* 포도상(葡萄狀) : 포도처럼 생긴.
* 구균(球菌) : 둥근 공처럼 생긴 세균.
* 배양(培養) : 가꾸어 기름.
* 항균작용(抗菌作用) : 세균이 몸 안에서 병을 일으키지 못하게 막는 작용.
* 성분(成分) : 물체를 이루는 바탕이 되는 원소나 물질.
* 항생제(抗生劑) : 세균이 몸 안에서 병을 일으키지 못하게 막는 물질로 된 약.

② 물속에 있는 것을 끌어내다.

"1976년 전라남도 신안 앞바다에서 고기를 낚던 어부 최 씨의 그물에 항아리 몇 점이 걸려들었어요. 청자와 백자들이었죠. 이후 신안 앞바다에서 수많은 도굴범들이 국보급 보물들을 건져 올려 일본에 몰래 팔다가 경찰에 붙잡혔어요.

문화재 발굴 조사단이 보물들을 건지기 시작한 때는 그 이후였어요. 깊은 바다에서 보물을 건져 올리는 일이 너무 힘들어, 붙잡힌 도굴범들의 도움을 받았다고 하네요. 전라남도 신안군에 있는 국립해양유물전시관에 가면 그 보물들을 볼 수 있답니다."

* 도굴범(盜掘犯) : 옛 무덤 같은 곳에서 유물을 몰래 훔치는 범죄자.
* 발굴(發掘) : 땅속이나 큰 덩치의 흙, 돌 더미 따위에 묻혀 있는 것을 찾아서 파냄.

③ 손해 본 것이나 투자한 밑천 따위를 도로 찾다.

"전래 동화에는 유난히 '착한 동생과 욕심 많은 형' 이야기가 많아요. 동생은 착한 성품 덕에 부자가 되고, 형은 동생처럼 부자가 되려다 본전도 못 건지고 망하는, 그런 이야기 말이에요.
부모로부터 재산을 물려받는 과정에서 형이 동생 몫을 가로채는 경우가 많았기 때문에, 이런 이야기가 생겼다고 주장하는 학자들도 있답니다. '형만 한 아우 없다'는 속담이 있는 것을 보면, 그 주장을 믿을 수는 없을 것 같네요."

* 본전(本錢) : 장사나 일을 할 때 밑천으로 들인 돈이나 노력.
* 가로채다 : 남의 것을 나쁜 방법으로 빼앗다.

걸다

· **걸다**

걸+었어요 → 걸었어요
걸+고 → 걸고
걸+까요 → 걸까요

① 어떤 물건이 떨어지지 않도록 벽이나 못, 혹은 고리 같은 것에 매달다.

"아빠가 수진이에게 새해 달력을 사 주셨어요. 수진이가 좋아하는 화가 클로드 모네(1840-1926)의 그림들로 꾸민 달력이었어요. 내년에도 건강하고 멋진 날들이 많았으면 좋겠다고 아빠가 말씀하셨어요.
　수진이는 창문이 나 있는 쪽 벽에 고리를 달고, 선물 받은 달력을 걸었어요. 새로 걸린 달력에도 365일이 작은 네모 칸 속에 들어 있어요. 수진이는 그 날들을 모네의 그림처럼 빛나게 꾸밀 거예요."

* 클로드 모네 : 프랑스의 화가. 빛을 동경하고 사랑해서 풍경화 대신 빛을 그렸다. 빛이 있으면 그림자도 있는 법. 그는 그림자를 그리는 데도 뛰어났다. 사람들은 그를 '빛과 그림자의 마술사'라 부른다.

② 몸이나 물건을 다른 것과 감아 끼우다.

"중요한 약속을 할 때는 흔히 새끼손가락을 걸고 하죠. 이는 동양이나 서양이나 마찬가지라고 해요. 왜 다섯 손가락 중에서 하필 새끼손가락을 걸까요? 이에 대해서는 여러 가지 해석이 있긴 하지만, 추측일 뿐이랍니다."

* 해석(解析) : 어떤 글이나 현상을 알기 쉽게 풀어서 설명하는 것.
* 추측(推測) : 미루어 짐작하거나 헤아리는 것.

③ 중요한 것을 내놓다.

"1912년 1월 18일, 영국의 스콧 탐험대는 국가의 명예를 걸고 남극점에 도달했지만, 이미 아문젠 탐험대가 노르웨이 국기를 꽂은(1911년 12월 19일) 뒤였어요. 스콧과 4명의 탐험대원들은 기지로 돌아오는 길에, 식량 부족과 동상으로 모두 사망했어요.
 1912년 11월 12일, 스콧의 얼어붙은 시체와 일기 등이 발견되었고, 최후의 순간까지 용기를 잃지 않았던 탐험대원들은 영국의 국민적 영웅이 되었답니다."

* 남극점(**南極點**) : 지구의 가장 남쪽, 남위 90° 지점.
* 기지(**基地**) : 군대나 탐험대가 활동하는 터로 삼은 곳.
* 동상(**凍傷**) : 추위 때문에 살갗이 얼어서 조직이 상하는 일.

④ **어떤 상태에 빠지도록 하다.**

"어느 겨울밤, 한 노파가 성에 사는 왕자를 찾아와 장미 한 송이를 바치며 잠자리를 부탁했어요. 하지만 왕자는 거절했어요. 그러자 노파는 요정으로 변해, 사랑의 마음이 없는 왕자를 야수로 만들고, 성에 사는 모든 것에 마법을 걸었어요.

요정이 남기고 간 장미의 꽃잎이 모두 떨어지기 전에, 야수가 그 누군가와 진정한 사랑을 주고받지 못한다면, 그는 영원히 야수로 살 수밖에 없고, 성에 사는 모든 것은 마법에서 풀리지 않을 거예요. 아! 어떤 여인이 이 야수를 사랑할 수 있을까요…….

<미녀와 야수> 이야기를 여기까지 들려주었더니, 수진이는 어느새 잠이 들었어요. 많이 피곤했던 모양이에요."

* 노파(**老婆**) : 늙은 여자.
* 야수(**野獸**) : 산이나 들에서 자라 사람에게 길들여지지 않은 짐승.

긁다

· 긁다

긁+어 → 긁어
긁+는 → 긁는
긁+기 → 긁기

① 무엇에 붙은 것을 떼어 내거나 벗겨 없애다.

"중국 청나라 6대 황제인 건륭제(재위 1735-1795)는 강남 지방을 둘러보던 중 어느 농가에 들러 먹을 것을 청했어요. 먹을 것이 다 떨어진 농부는 누룽지를 박박 긁어 뜨거운 야채 국물과 함께 황제께 드렸어요. 이를 먹은 건륭제는 '땅에서 한바탕 천둥소리 울리니 천하제일의 요리가 나왔네.'라고 글을 적어 농부에게 주었다고 해요. 사실인지 아닌지는 잘 모르지만, 중국에서 누룽지가 고급 요리가 된 것이 건륭제 때부터인 것은 사실이라고 하네요.
중국의 경우와 달리, 우리나라에서는 예로부터 누룽지를 간식거리로 먹기도 하고, 물을 부어 숭늉으로 끓여서 음료로

마셨어요. 요즘은 가마솥 대신 전기밥솥으로 밥을 짓다 보니 누룽지를 긁어 먹을 기회가 적어졌지요. 하지만 누룽지의 고소한 맛과 숭늉의 개운한 맛을 잊지 못하는 제법 많은 소비자들이 상가나 인터넷 쇼핑몰에서 지금도 누룽지를 사 먹고 있답니다."

* 건륭제(**乾隆帝**) : 청나라의 제6대 황제(재위 1735~1795년). 정치, 경제, 문화적으로 청나라의 최전성기를 이룩했다. 이때 중국이 유럽 세계에 널리 소개되었다.
* 강남(**江南**) : 중국 양쯔강(**揚子江**)의 남쪽 지역을 이르는 말.
* 숭늉 : 밥을 지은 솥에서 밥을 푼 뒤에 물을 붓고 데운 물. 구수한 맛이 있으며, 흔히 식사를 한 뒤에 마신다.

② **손톱이나 뾰족한 기구 따위로 바닥이나 거죽을 문지르다.**

"등같이 손이 잘 닿지 않는 곳이 가려울 때 손 대신 긁는 도구를 '효자손'이라고 해요. 살을 긁기 좋게 끝부분이 구부러진 40-50㎝ 길이의 나무갈퀴이며, 보통 대나무로 만들어요. 북극지방의 이누이트들이 상어 이빨을 깎아서 만든 것이 효자손의 시작이었다고 하네요.

일반적으로 노인들은 어깨 근육이 노화되어 손이 뒤로 잘 꺾이지 않아서, 효자손이 필요할 때가 많아요. 그래서 그런지 어버이날 선물로 많이 팔린다고 합니다."

* 이누이트 : 북극, 캐나다, 그린란드 및 시베리아의 북극 지방에 사

는 인종. 피부는 황색으로 주로 수렵·어업에 종사한다. 흔히 '에스키모'라고 알려져 있지만, 이 이름은 '날고기를 먹는 사람들'이라는 뜻으로 서양인들이 붙인 것이다. 그들 스스로는 '인간'을 뜻하는 '이누이트'라고 부른다.

* 노화(**老化**) : 나이가 들어 몸의 구조와 기능이 약해지는 일.

③ 중요하지 않은 일을 쓸데없이 건드리다.

"이런 말 아세요? '긁어 부스럼 만들지 마.' 내버려두면 괜찮을 것을 공연히 건드려 문제를 일으키지 말라는 뜻이죠. 영어에도 비슷한 말이 있어요. 'Let sleeping dogs lie.' 곧이곧대로 해석하면 '잠자는 개는 건드리지 마.'쯤 되겠네요. 사람들 일은 동서양이 크게 다르지 않은 것 같아요."

기울어지다

· **기울어지다**

기울어지+어 → 기울어져
기울어지+ㄴ → 기울어진
기울어지+게 → 기울어지게
기울어지+었습니다 → 기울어졌습니다

① 비스듬하게 한쪽이 낮아지거나 비뚤어지다.

 "이탈리아 동북부에 위치한 도시 피사에는 유명한 종탑이 하나 있어요. 이 종탑은 수직축으로부터 약 5.5도 기울어져 있어요. 그래서 사람들은 이를 '피사의 사탑(斜塔:기울어진 탑)'이라고 부릅니다. 1173년에 착공하여 1372년에 완공된 피사의 사탑은 기술적으로 실패한 건축물임에도 불구하고 아직도 무너지지 않고 있어, '불안정 속의 완성품'이라는 평가를 받고 있답니다.
 한편 아랍에미리트의 수도 아부다비에는 '캐피털 게이트 타워(Capital Gate Tower)'가 있는데, 서쪽 방향으로 18도 기울어진 건축물이에요. 이 건축물은 피사의 사탑처럼 기술적으로 실패해서 기울어진 것이 아니에요. 애초에 기울어지게 설계된 거죠. 인간이 의도적으로 만든 가장 기울어진 건축물로 기네스북에도 올랐다고 하네요."

* 종탑(鐘塔) : 교회나 성당에서 종을 매달아 치기 위해 만든 탑.
* 피사 : 오랜 역사와 전통을 가지고 있는 이탈리아의 도시. 갈릴레오의 출생지이기도 하다. '피사의 사탑'으로 유명해, 관광객들이 많이 찾는다.
* 착공(着工) : 공사를 시작함.
* 완공(完工) : 공사를 완성함.
* 의도적(意圖的) : 무엇을 하려고 꾀하는 것.
* 기네스북 : 세계 최고의 기록들을 모은 책.

② 마음이 어느 한쪽으로 쏠리게 되다.

"이성계(1335-1408)의 다섯 번째 아들 이방원은 부하를 시켜 정몽주를 살해했어요. 이 사실을 보고 받은 이성계는 몹시 노했지만, 이제 자신이 왕좌에 오를 때가 가까워졌다고 생각했죠. 고려 최고의 학자이자 충신이었던 정몽주가 죽자, 이성계의 부하들은 이성계를 왕으로 만들기 위한 준비를 철저히 했어요. 무엇보다 백성들의 마음도 이성계 쪽으로 많이 기울어졌습니다."

③ 해나 달 따위가 저물어 가다.

"프랑스의 작가 알퐁스 도데(1840-1897)는 <별>에서 서산 아래로 해가 기울어진 후 신비롭게 찾아오는 밤의 세계를 다음과 같이 아름답게 표현했어요. '샘물은 더 청아하게 노래하고, 연못은 자그마한 불꽃들을 피운다. 산의 모든 정령들이 자유롭게 오가며, 대기 속에서는 뭔가 가볍게 스치는 소리, 마치 나뭇가지들이 자라고 풀들이 돋아나는 소리처럼 어렴풋한 소리들이 들린다.' 적어도 19세기 남프랑스 지방의 밤은 그랬나 봐요."

* 청아(淸雅) : 순수하고 아름다움.
* 정령(精靈) : 산천초목이나 무생물 따위의 여러 가지 사물에 깃들어 있다는 혼령.

깎다

· **깎다**

깎+는 → 깎는
깎+을 → 깎을
깎+고 → 깎고
깎+는답니다 → 깎는답니다
깎+아야 → 깎아야

① **칼 따위로 어떤 물건의 겉을 둘러싸고 있는 것을 얇게 벗겨내다.**

"연필을 예쁘게 깎는 일은 생각보다 정성이 많이 들어가는 노동이에요. 책을 읽다가 멋진 문장을 만나면 밑줄도 긋고 깨알같이 메모도 하는 도구이니 아무렇게나 깎을 순 없죠. 연필심이 길면 쉽게 부러지고, 짧으면 오래 쓰지 못해요. 또한 굵으면 작은 글씨를 못 쓰고, 날카로우면 살을 찌를 수 있어 위험해요. 대여섯 자루의 연필을 모양 있게 다 깎고 나면, 바닥에 깔아 둔 신문지 위에 연필밥이 수북합니다. 향기가 은은합니다."

② 머리나 털을 잘라 내다.

"불가(佛家)에서 머리카락은 첫째 인간이 가지고 있는 욕망이나 노여움을 의미해요. 이를 번뇌라고 하죠. 둘째 이성에 대한 본능을 의미해요. 일반인들은 이성에게 잘 보이기 위해 머리를 다듬고 기르잖아요. 셋째 부모와 형제와 나누던 정을 의미해요.

결국 스님이 되면서 머리카락을 깎는 일은 이전의 삶과 작별하고, 부처님 말씀을 따라 살겠다는 의지의 표현인 것입니다. 머리카락은 계속 자라므로, 스님들은 보름에 한 번씩 머리를 깎는답니다."

* 불가(佛家) : 불교를 믿는 사람들의 사회.
* 번뇌(煩惱) : 몸과 마음을 괴롭히는 욕망이나 분노.
* 작별(作別) : 인사를 나누고 헤어짐.

③ 물건 값을 낮추다.

"우리가 시장에서 흔히 말하고 듣는 '에누리'는 '값을 깎는 일'을 뜻해요. '에누리 좀 해 주세요,' '에누리를 해 주셔야 다음에 또 오죠,' 이렇게 말이에요. 그러나 원래 '에누리'는 '물건 값을 받을 값보다 더 많이 부르는 일' 또는 '더 많이 부른 물건값'을 뜻하는 말이었어요.

그러다 보니 사는 사람은 '에누리'한 만큼 물건 값을 깎아야 손해를 보지 않아요. 이렇듯 '에누리'를 깎다 보니, '에누리'라는 뜻 자체에 '값을 깎다'라는 뜻이 생긴 것 같아요."

깨다

· 깨다

깨+ㄴ → 깬
깨+기 → 깨기
깨+어서 → 깨어서
깨+ㅆ어요 → 깼어요
깨+는 → 깨는

① 기존의 생각이나 관습 따위를 넘어서다.

"프랑스의 미술가 마르셀 뒤샹(1887-1968)은 1917년, 변기 하나를 구입해 'R. Mutt 1917'이라고 서명했어요. 이렇게 서명한 변기를 미국 독립미술가협회가 마련한 전시회에서 <샘>이라는 제목으로 전시하려고 했지요. 미술작품은 일상용품과 다르다는 기존의 생각을 깬 작품이었어요. 하지만 <샘>은 결국 전시되지 못했고, 어느 사진작가의 사진으로만 남았어요. '미술작품은 창조자인 미술가의 창조물이다!' 이런 생각에 사로잡힌 독립미술가협회 측에서 <샘>의 전시를 허락하기는 힘들었을 거예요."

* 서명(署名) : 자기의 이름을 써 넣음.
* 기존(旣存) : 이미 존재함.

② 단단한 물체를 쳐서 조각나게 하다.

 "새해 처음 오는 보름날을 대보름날이라고 해요. 옛적부터 우리 조상들은 대보름날에 부럼(밤·호두·잣·은행 같은 음식)을 이로 깨물어 먹었어요. 이것을 '부럼 깨기'라고 하는데, 이렇게 하면 1년 동안 부스럼이 나지 않을 뿐 아니라 이가 단단해진다는 믿음이 있었어요.
 아직도 대보름날이면 부럼을 찾는 사람들이 많아요. 하지만 요즘은 영양가 높은 음식을 많이 섭취하기 때문에 부럼을 굳이 먹지 않아도 돼요. 그리고 부럼을 잘못 깨물다가는 아래턱 관절에 염증이 생길 수도 있고, 심하면 이가 부러지기도 해요. 그래서 치과의사들은 부럼을 망치 같은 것으로 깨어서 먹으라고 권한답니다."

* 관절(關節) : 뼈와 뼈가 서로 맞닿아 연결되어 있는 곳.
* 염증(炎症) : 몸의 어떤 부분이 붓거나 곪아서 열이 나고 아픈 증세.

③ 이제까지의 기록을 뛰어넘다.

 "옐레나 가지예브나 이신바예바(1982-)는 러시아의 장대높이뛰기 선수예요. 여자 장대높이뛰기 현 세계기록 보유자이죠. 이신바예바는 외모도 뛰어나서 육상 팬들은 그녀를 '미녀새'라고 불렀어요. 이신바예바는 올림픽에서 두 차례, 세계 육상선수권대회에서 다섯 차례 우승하는 동안, 자신의 기록, 즉 세계기록을 28번이나 깼어요. 그녀는 자기 자신과의 싸움에서 28번이나 이긴 거예요."

④ 약속이나 일정을 지키지 않다.

"아주 오래 전 중국의 노(魯)나라에 약속을 깨는 법이 없는 미생(尾生)이란 사람이 있었어요. 어느 날 미생이 한 여인과 다리 밑에서 만나기로 약속했는데, 그날은 비가 많이 온 날이었어요. 약속한 시간이 지나도 그녀는 나타나지 않았지요. 빗물에 개울이 불어나는데도 미생은 다리 밑을 떠나지 않고 기다렸어요. 결국 미생은 개울물에 빠져 죽었답니다.
　훗날 사람들은 미생을 '신의가 있는 인간'이라며 기리기도 했지만, '융통성 없는 바보'라고 비웃기도 했답니다."

* 신의(信義) : 믿음과 의리.
* 융통성(融通性) : 그때그때의 사정과 형편을 보아 일을 처리하는 재주.

꺾다

· 꺾다

꺾+어 → 꺾어
꺾+을 → 꺾을
꺾+고 → 꺾고

① 단단한 물체를 구부려 다시 펴지지 않게 하거나 아주 끊어지게 하다.

"옛날 중국의 어느 나라에 왕이 살았어요, 하루는 왕이 스무 명의 아들들을 불러 놓고, 그중 한 아들에게 말했어요. '한 개의 화살을 꺾어 보아라.' 그 아들은 꺾을 수 있었어요. 이번엔 스무 개의 화살을 한꺼번에 꺾어 보라고 했어요. 그 아들은 꺾을 수 없었어요. 왕은 스무 명의 아들들에게 훈계했어요. '너희들이 힘을 하나로 모은다면 나라가 튼튼해질 것이다.' 스무 명의 아들들은 아버지의 마음을 읽을 수 있었답니다.
'힘을 한군데로 모아 서로 협력하는 것'을 뜻하는 고사성어 '절전(折箭, 꺾을 절, 화살 전)'은 이 이야기에서 생겼다고 해요."

② 의지, 생각, 말 등을 억누르다.

"1946년, 평범한 수녀 한 사람이, 인도의 콜카타에서 다르즐링으로 가던 기차 안에서 <성서>를 펼쳤어요. 기차에 탄 가난한 사람들의 삶에 성모님의 도움이 함께 하실 것을 바라며 <마태복음>의 한 대목을 읽었어요. '너희가 여기 있는 형제 중 가장 보잘것없는 사람 하나에게 해 준 것이 바로 나에게 해 준 것이다.' 수녀는 이 대목을 '하느님의 부르심'이라고 생각했어요.

이후 이 평범한 수녀는 수녀원을 떠나 가난한 사람들이 사는 콜카타의 거리로 나섰어요. 동료 수녀들, 신부들, 심지어 대주교까지 나서서 말렸지만, 그녀의 의지를 꺾을 수는 없었어요. 그녀는 1950년, '사랑의 선교회'를 세워 거리의 사람들을 위한 구호 활동을 폈어요. '여기 있는 형제 중 가장 보잘것없는 사람'들은 그녀를 '마더 테레사(1910-1997)'라고 불렀어요."

* 수녀원(修女院) : 수녀들이 일정한 규율 아래 공동생활을 하면서 수행하는 곳.
* 구호(救護) : 가난이나 재해, 혹은 재난 따위로 어려움에 처한 사람을 도와 보호함.
* 콜카타 : 인도 제1의 항구이자 가장 큰 대도시. 주민의 약 1/3이 거주하는 수많은 빈민 지역이 있다.

③ 운동경기나 내기 등에서 상대를 이기다.

 "1975년, 아서 애쉬(1943-1993)는 윔블던 테니스 대회에서 지미 코너스를 꺾고 흑인으로서는 처음으로 윔블던 남자 단식 챔피언이 됐어요. 그 밖에 US 오픈, 호주 오픈에서 우승하면서 세계 랭킹 1위에 오르기도 했죠. 그는 실력과 인품을 모두 갖춘 완벽한 테니스 스타였어요. 흑인들의 테니스대회 참가가 금지됐던 버지니아 주 리치먼드 시에서 태어난 그가 얼마나 큰 편견과 차별의 벽을 깨고 그 자리에까지 올라갔을까요!
 아서 애쉬는 현역에서 은퇴한 뒤 미국에 거주하는 흑인 운동선수들에 관한 책,《영광에 이르는 험한 길(A hard road to Glory)》을 저술했어요. 이 책을 계기로, 미국사회에서 차별받는 흑인들을 위한 인권운동가로 활약하기도 했죠. 하지만 불행하게도 수혈을 받던 중 에이즈에 감염되어 사망했어요. 당시 빌 클린턴 대통령은 '진정한 미국인의 영웅을 잃었다'고 그를 애도했답니다."

* 인권운동가(**人權運動家**) : 모든 사람들이 인권, 즉 '사람답게 살 권리'를 누릴 수 있는 사회를 만드는 데 힘쓰는 사람.
* 감염(**感染**) : 병균이 동물이나 식물의 몸 안에 들어가는 것.
* 애도(**哀悼**) : 사람의 죽음을 슬퍼함.

나다

· 나다

나+기 → 나기
나+지 → 나지
나+ㄴ답니다 → 난답니다
나+아 → 나
나+는 → 나는

① 신체에서 땀, 피, 눈물 따위의 액체 성분이 흐르다.

"보통의 성인은 방광이 350㎖까지 팽창했을 때 오줌이 마렵다고 느껴요. 그리고 하루에 만들어지는 오줌의 양은 약 1,500㎖이에요. 그러니까 하루에 다섯 번 정도 소변을 보게 되는 것이죠.
 하지만 소변을 보는 회수는 날씨에 따라서 달라질 수 있어요. 우리가 경험해 봐서 알지만, 추운 날에는 소변을 더 자주 보게 돼요. 왜 그럴까요? 이유는 바로 '땀'에 있습니다.
 더운 여름에는 체온 조절을 위해 땀이 많이 나기 때문에 체내 수분이 적어지고 그에 따라 소변량도 적어져요. 그러나 추운 날에는 땀이 나지 않기 때문에 체내 수분이 거의 다 방광에 모이게 돼요. 그래서 추운 날에는 소변량이 많아지고 그에 따라 화장실에 더 자주 가게 되는 것입니다."

* 방광(膀胱) : 콩팥에서 흘러나오는 오줌을 저장하였다가 일정한 양이 되면 요도를 통하여 배출시키는 주머니 모양의 기관.
* 팽창(膨脹) : 부풀어 부피가 커짐.

② 표면을 뚫고 솟아나다

"사람의 털은 '모낭'이라고 하는 피부기관에서 만들어요. 그런데 모낭에는 '피지선(피지를 만드는 샘)'이 붙어 있어요. 피지선에서는 피부와 털을 촉촉하고 건강하게 보호하는 데 필요한 지방, 즉 피지가 분비되죠.

정상상태에서라면 피지는 모공(털이 피부 밖으로 나가는 구멍)을 통해 피부 바깥으로 배출돼요. 하지만 어떤 이유에서든 피지가 피부 밖으로 배출되지 못하고 모낭 주위에 갇히게 되면 염증을 불러일으키는 박테리아가 번식하게 되는데, 이것이 여드름이 되는 거예요. 여드름은 보통 사춘기 때, 얼굴, 목, 등, 가슴과 같이 피부에 지방이 많은 부위에 주로 난답니다."

* 모낭(毛囊) : 털뿌리를 싸고 있는 주머니.
* 분비(分泌) : 몸속 기관에서 땀이나 침, 기타 물질들을 내보내는 것.

* 배출(排出) : 안에서 밖으로 내보냄.
* 번식(繁殖) : 생물의 수가 늘어 널리 퍼지는 것.
* 부위(部位) : 사람이나 동물의 신체 중 특정한 위치.

③ 자국, 흔적 등이 생기다

 "눈이 많이 내린 어느 겨울날 새벽, 아빠는 수진이를 깨웠어요. 아빠와 수진이는 자주 다니던 약수터 부근 숲속으로 서둘러 갔어요. 눈밭에는 네 발 짐승들이 걸어 다닐 때 찍힌 발자국이 나 있었어요. 새가 하늘로 날아오르면서 남긴 날개 자국이 부챗살처럼 찍혀 있기도 했고요.
 수진이는 이제까지 겨울이 되면 동물들이 모두 숲속을 떠나는 줄 알았어요. 그런 수진이에게 아빠는 분명히 말해 주셨어요. '낮에 잘 보이지 않을 뿐, 겨울에도 숲속에는 많은 동물들이 살고 있단다.' 동물들의 발자국, 날개 자국들이 아침 햇살을 받으며 반짝였어요."

④ 농산물이나 광물이 생산되다.

 "전 세계에서 금이 가장 많이 나는 나라는 '남아프리카공화국(남아공)'이에요. 남아공은 지난 1886년 금 광산이 발견된 이후 세계 금 시장을 주도해 왔으며 1970년에는 연간 1,000톤의 금을 생산했는데, 이는 전 세계 금 생산량의 4분의3에 해당하는 양이었어요. 현재 남아공에는 3만6천 톤 정도의 금이 매장되어 있다고 추정돼요. 이는 전 세계 매장량의 절반 정도라고 하네요.

하지만 남아공은 그 많은 금 때문에 도리어 불행한 근대사를 갖게 됐어요. 유럽 국가들은 대항해시대 이후 금이 많이 나는 나라를 약탈하고 식민지로 삼았어요. 당연히 남아공 역시 오랜 세월 동안 영국의 식민지였고, 1961년 독립한 이후에도 전 세계에서 인종차별이 가장 심한 나라로 꼽힙니다. 남아공은 금이 많아 슬픈 나라입니다."

* 매장(埋藏) : 땅속에 묻히어 있음.
* 추정(推定) : 추측해서 판정함.
* 대항해시대(大航海時代) : 15세기에서 16세기에 걸쳐 유럽인들의 신항로 개척이나 신대륙 발견이 활발하던 시대. 콜럼버스, 마젤란 등이 활약하였다.
* 약탈(掠奪) : 폭력을 써서 남의 것을 빼앗음.
* 식민지(植民地) : 정치적·경제적으로 다른 나라에 예속되어 국가로서의 주권을 상실한 나라.

나타나다

• **나타나다**

나타나+기도 → 나타나기도
나타나+아 → 나타나
나타나+ㅆ다 → 나타났다

① 어떤 일의 결과가 실제로 드러나다.

"심리적 요인에 의해 병세가 좋아지는 현상을 '플라시보 효과'라고 해요. '플라시보'는 '즐겁게 하다'라는 뜻을 가진 라틴어에서 유래해요.

아무 효과가 없는 밀가루로 만든 '가짜 약'을 환자에게 주면서 의사가 말합니다. '새로 개발된 좋은 약이에요. 큰 도움이 될 겁니다.' 그 말을 들은 환자는 '내 병이 이제야 낫겠구나,' 하는 긍정적인 생각을 하게 돼요. 그런 생각을 가지고 환자가 이 '가짜 약'을 먹으면 놀라운 결과가 **나타나기도** 한답니다. 실제로 병세가 좋아지는 거죠. 심리 상태에 영향을 받기 쉬운 질환에서 특히 플라시보 효과가 크답니다.

물론 이 효과가 과학적으로 입증되지는 않았어요. 따라서 의사가 실제로 이런 '가짜 약'을 처방하는 일은 없어요. 만에 하나 환자가 '가짜 약'임을 알게 될 경우, 도리어 병이 악화되기도 하거든요."

* 요인(要因) : 어떤 일이 일어난 까닭.
* 병세(病勢) : 병의 상태.
* 라틴어 : 고대 로마제국에서 쓰이던 언어.
* 긍정적(肯定的) : 바람직한, 혹은 바람직한 것.
* 질환(疾患) : 몸의 온갖 병.
* 입증(立證) : 증거를 내세워 증명함.
* 악화(惡化) : 어떤 상태가 나쁘게 변함.

② **보이지 않던 사람이나 사물이 보이다.**

  "밤하늘에 갑자기 긴 꼬리가 달린 천체가 움직이지 않고 한 자리에서 빛나고 있으면, 그것은 혜성이에요. 혜성은 태양계 내에 속한 작은 천체죠. 우리에게 가장 잘 알려진 혜성은 핼리 혜성이에요. 약 76년을 주기로 태양 주위를 돌고 있죠. 하지만 주기가 수천 내지 수만 년인 혜성도 있고, 아예 단 한 번 보고 나면 다시는 볼 수 없는 혜성도 있어요.
  혜성은 대체로 갑자기 나타나 많은 사람들을 놀라게 해요. 그래서 어떤 분야에서 특정인이 갑자기 유명해질 경우, '혜성같이 나타났다.' 하고 말한답니다."

* 천체(**天體**) : 우주에 있는 온갖 물체. 항성, 행성, 위성, 혜성 따위를 통틀어 이르는 말이다.
* 핼리 혜성 : 명왕성 가까이에 존재하는, 매우 긴 꼬리를 가진 혜성. 출현 주기는 76.2년이다. 영국의 천문학자 핼리(1656-1742)가 처음으로 발견해서, 그의 이름을 붙였다.
* 주기(**週期**) : 한 바퀴를 도는 기간.

③ **생각이나 느낌 따위가 글, 그림, 음악 따위로 드러나다.**

"19세기를 막 넘긴 뉴욕의 보잘것없는 주택가, 그리니치 빌리지. 물질만을 중시하던 당시의 미국사회를 거부하고, 인간의 순수한 모습을 지키기 위해 작가, 화가, 지식인들이 이곳으로 모여들었어요.

1902년 어느 날에도 그랬죠. 훗날 미국문학사에 길이 남을, 하지만 아직까지는 무명인 어느 작가가 그리니치 빌리지로 들어왔어요. 그리고 1910년 짧은 생을 마칠 때까지 8년 동안, 300여 편에 이르는 독보적인 단편소설을 써내려갔어요. 그가 바로 오 헨리(1862-1910)예요. 그의 작품에는 범죄자, 형사, 식당 심부름꾼, 주차장 인부, 집배원, 가난한 예술가 등 평범한 사람들의 불우하지만 순수한 삶의 모습이 잘 나타나 있답니다."

* 무명(**無名**) : 이름이 널리 알려지지 않음.
* 불우(**不遇**) : 형편이 어려운 것.

낳다

- 낳다

낳+기 → 낳기
낳+고 → 낳고
낳+았다고 → 낳았다고

① 배 속의 아이, 새끼, 알을 몸 밖으로 내놓다.

"하루살이는 하루만 산다고 해서 붙여진 이름이에요. 하지만 대부분은 이틀에서 사흘, 길게는 열흘까지도 살죠. 더군다나 애벌레 상태에서 1년에서 3년 정도를 산다는 점을 생각하면 '하루살이'가 적절한 이름은 아닌 것 같아요.
　물론 하루살이가 짧은 삶을 사는 것은 분명해요. 일단 입이 없어서 아무것도 먹을 수가 없어요. 당연히 오래 살 수가 없죠.
　그렇다면 하루살이는 무엇을 위해 그 짧은 삶을 살까요? 오직 새끼를 낳기 위해 살지요. 암수 하루살이들은 물가나 풀숲을 날아다니며 짝짓기를 하는데, 수천 개의 알을 낳고 나면 바로 죽어요."

② 어떤 결과를 이루거나 가져오다.

"세계에서 가장 긴 강 자리를 놓고 아마존 강과 다투는 나일 강은 총 길이가 6,690km나 돼요. 적도 부근의 산악 지대와 에티오피아의 고원에서 시작해, 수단과 이집트를 지나, 지중해로 들어가죠. 먼 옛날 나일 강은 해마다 홍수가 나서 하류의 삼각주에 기름진 흙을 날라다 주었어요. 사막과 바다로 둘러싸여 있던 나일 강 하류는 점점 비옥한 땅이 되어 갔지만 홍수는 여전히 두려운 재앙이었어요.

이집트 인들은 홍수 피해를 줄이고 안정적으로 농사를 지어야 살 수 있었어요. 그래서 물길을 만들고, 제방을 쌓았죠. 이 과정에서 사람들을 효과적으로 조직하고, 문자와 달력을 만들고, 토지를 측량하는 기술이 발달했어요.

높은 수준의 기술을 갖게 되자, 농업은 더욱 발달했어요. 그래서 다른 지역으로부터 많은 사람들이 몰려들어와 '문명'이라고 할 만한 수준의 사회가 형성됐죠. 걸핏하면 큰 홍수가 나서 사람들을 두려움에 떨게 만들었던 나일 강이 도리어 찬란한 이집트 문명을 낳았다고 할 수 있어요. 시련이 없으면 문명도 없답니다."

* 삼각주(三角洲) : 강물에 떠내려온 모래나 흙이 강어귀(바다로 흘러가는 곳)에 쌓여 이루어진 삼각형 모양의 땅이나 섬.
* 비옥(肥沃)하다 : 땅이 기름지다.
* 제방(堤防) : 물가에 흙이나 돌 따위로 쌓은 둑.
* 측량(測量) : 기기를 써서 물건의 높이, 깊이, 넓이, 방향 따위를 잼.
* 형성(形成) : 어떤 모양을 이루다.

내다

· 내다

내+실 → 내실
내+어야지요 → 내야지요
내+는 → 내는
내+어 → 내어

① 회비나 세금, 벌금 따위의 돈을 주거나 바치다.

"막사이사이(1907-1957)는 필리핀의 독립운동가·정치인이에요. 제2차 세계 대전 중 게릴라를 이끌고 일본과 싸웠으며 종전 후에는 국방 장관을 거쳐 1953년, 필리핀 제7대 대통령이 되었어요.
　대통령 임기 중 막사이사이는 자신의 가족 및 측근에게 어떠한 혜택도 부여하지 않았고, 대통령이 누리는 모든 특권을 거절했어요. 다음과 같은 일화는 막사이사이가 어떤 대통령이었는지 잘 말해 줍니다.
　어느 날 막사이사이 대통령이 교통규칙을 위반해 경찰의

단속에 걸렸어요. 차를 세운 교통경찰이 운전자에게 면허증을 제시하라고 하면서, 직업이 뭐냐고 물었죠. 막사이사이는 '대통령'이라고 답했어요. 깜짝 놀란 경찰은 차렷 자세로 거수경례를 하며 말했습니다. '대통령 각하, 몰라 뵈어서 죄송합니다. 하지만 교통위반을 하셨으니 벌금을 내실 수밖에 없습니다.'

교통 위반 딱지를 받아든 막사이사이는 '그래요, 당연히 내야지요.' 하고는 차를 몰고 그 자리를 떠났답니다."

* 게릴라 : 적은 수의 병사로 많은 수의 적을 갑자기 공격하는 특수 부대.
* 측근(側近) : 가까운 관계에 있는 사람.
* 부여(附與) : 어떤 사람에게 권리나 일을 주는 것. 혹은 어떤 사물이나 일에 가치나 뜻을 두는 것.
* 제시(提示) : 물품을 내어 보여 주다.
* 각하(閣下) : 대통령 같은 높은 지위에 있는 사람을 부르는 말.

② 힘이나 속도를 일정한 기준이나 정도보다 더하게 하다.

1899년 9월 18일, 우리나라에서 처음으로 기차가 운행되었어요. 노량진과 제물포를 오가는 기차였죠. 그 후 104년 만인 2003년 9월 17일, 역사적인 사건이 있었어요. 우리 기술로 개발된 한국형 고속전철이 경부고속철도 시험선 구간(천안-대전)에서 시속 3백km 이상의 속도를 내는 데 성공한 거예요. 한국형 고속전철은 프랑스의 고속전철에 한국 실정에 맞는 첨단 장치를 더해 업그레이드한 것이라고 해요. 이로써 우리나라는 프랑스, 독일, 이탈리아, 일본에 이어, 세계 다섯 번째로 고속철도 기술 보유국이 되었답니다.

* 첨단(尖端) : 학문, 과학 기술, 유행 같은 것의 맨 앞장.
* 보유(保有) : 가지고 있음.

③ 어떤 값을 계산해 구하다.

"어느 날, 예수는 자신의 죽음을 예감했어요. 그래서 열두 명의 제자들과 마지막 식사를 했지요. 예수까지 합치면 모두 13명이 함께 식사를 한 셈입니다. 제자 중 한 명인 유다는 식사 자리를 빠져나와 병사들에게 예수가 있는 곳을 알려 주고 돈을 받았어요. 병사들에게 끌려간 예수는 다음 날 십자가에 못 박혀 죽음을 맞았어요. 그날은 금요일이었지요.
그래서 크리스트교를 오랫동안 믿어 온 서양 사람들은 '13일의 금요일'을 싫어해요. 하지만 통계를 내어 보면, '13일의 금요일'에 좋지 않은 일이 더 많이 일어나지는 않는다고 해요. 13은 그저 12 다음의 숫자이고, 금요일은 그저 목요일의 다음날일 뿐이랍니다."

* 예감(豫感) : 어떤 일이 일어나기 전에 미리 느낌.
* 통계(統計) : 어떤 일이 일어나는 수를 모두 합해 일정한 체계에 따라 계산하는 것. 혹은 계산해서 나온 수치.

내리다

- 내리다

내리+는지 → 내리는지
내리+는 → 내리는
내리+ㄹ → 내릴
내리+어요 → 내려요
내리+고 → 내리고
내리+ㄴ → 내린
내리+다 → 내리다

① 눈, 비, 서리, 이슬 따위가 오다.

"인공강우란 뭘까요? 그걸 알기 위해서는 비가 어떻게 내리는지 알아야 해요. 비는 구름을 이루고 있는 작은 물방울들이 한데 모여 무거워져서 더 이상 떠 있지 못하고 땅으로 내리는 거예요. 따라서 인공 강우란 물방울들이 잘 모이게 만들어 억지로 내리게 하는 비예요.
 이를 위해서는 구름 속으로 구름씨를 뿌려주어야 해요. 그러면 물방울들이 구름씨를 중심으로 잘 엉겨 붙어 비로 내릴 만큼 충분히 무거워지거든요. 구름씨로는 '드라이아이스'나 '요오드화은'과 같은 물질을 사용한답니다.

인공강우를 통해 가뭄으로 인한 피해를 줄이고 미세먼지 문제도 해결할 수 있다고 해요. 하지만 그에 따라 심각한 기상이변이 생길 수도 있다고 하네요. 무엇이든 억지로 하면 자연환경은 나쁜 영향을 받나 봅니다."

* 인공강우(人工降雨) : 사람의 힘으로 비를 내리게 하는 일. 혹은 그렇게 내리는 비.
* 기상이변(氣象異變) : 보통 지난 30년간의 기상과 아주 다른 기상 현상.

② 값이나 수치, 온도, 성적 따위가 이전보다 떨어지거나 낮아지다.

"어떤 물건을 팔고 사는 시장에서 그 물건의 가격은 어떻게 정해질까요? '공급'과 '수요'에 의해 저절로 정해져요. '공급'은 '생산자가 어떤 물건을 팔기 위해 시장에 내 놓는 일 혹은 내 놓는 양'을 말하고, '수요'는 '소비자가 시장에서 그 물건을 사고자 하는 욕구 혹은 살 수 있는 능력'을 말해요.

수박을 예로 들어 볼게요. 여름날 수박이 큰 풍년이 들어 시장에 수박이 산더미처럼 쌓여 있으면, 즉 수요에 비해 공급이 많으면 가격은 내려요. 싸게라도 팔아야, 안 팔려서 버리는 수박을 줄일 수 있을 테니까요. 반대로 수박 생산량이 적어 시장에서 수박 사기가 하늘의 별따기면, 즉 수요에 비해 공급이 적으면 가격은 올라요. 시원한 수박을 먹고 싶어서 비싼 값을 주고라도 수박을 사게 되니까요.

　이렇듯 공급과 수요에 의해 물건의 가격이 저절로 정해지려면, 공정하고 자유롭게 물건을 팔고 살 수 있는 시장이 있어야 해요. 바로 이러한 시장을 영국의 경제학자 아담 스미스는 '보이지 않는 손'이라고 했어요. 이 '보이지 않는 손'이 수박 값을 결정한다고 하니, 놀랍지 않나요?"

＊ 욕구(欲求) : 무엇을 바라고 원함.
＊ 공정(公正) : 공평하고 올바름.

③ 뿌리가 땅속으로 들어가다.

　"식물은 땅 속에 뿌리를 내리고, 땅 위로는 줄기와 잎을 내놓고 살아요. 땅 속에 내린 뿌리는 식물의 줄기와 가지가 쓰러지지 않도록 떠받쳐 줘요. 그리고 물기와 양분을 빨아올려 줄기와 가지, 그리고 잎으로 보내어 식물을 자라게 해요.

　이렇듯 뿌리가 중요한 일을 하다 보니, '뿌리'라는 단어를 활용하여 많은 관용 표현이 생긴 것 같아요. 첫째 사상이나 종교 같은 것이 정착되는 것은 '뿌리를 내리다'라고 표현해요. 둘째 어떤 것이 생겨나고 자랄 수 있는 터전이 없어지면 '뿌리가 뽑히다'라는 표현을 쓰죠. 셋째 어떤 일이나 사물의 기원이 오래되었다면 '뿌리가 깊다'라는 표현이 많이 쓰입니다."

＊ 활용(活用) : 잘 이용함.
＊ 관용(慣用) : 습관적으로 씀.

넘다

· 넘다

넘+는 → 넘는
넘+던 → 넘던
넘+은 → 넘은

① 일정한 시간, 시기, 범위 따위에서 벗어나다.

"칠레는 남북 간의 위도 차이가 38°를 넘는, 지구상에서 가장 길쭉하게 생긴 나라예요. 북쪽 끝인 페루와의 국경에서 남쪽 끝인 남아메리카 대륙의 최남단 혼 곶까지의 거리는 약 4,300km이고, 폭은 평균 190km밖에 안 돼요. 남북으로 길게 뻗은 안데스 산맥을 따라 국경이 정해졌기 때문이랍니다.
  그러다 보니 기후와 자연환경이 남북 간에 큰 차이를 보여요. 칠레의 북부는 사막지대예요. 지금까지 400년 동안 비가 한 방울도 안 내렸다고 해요. 수도 산티아고가 있는 중부에는 비옥한 토지와 계곡 지대가 펼쳐져 있어요. 날씨도 온화해 국민 중 대부분이 중부에 살고 있어요. 남부는 남극과 가까워 사람이 살 수 없는 빙하 지대예요.

이렇게 사막에서 빙하까지 모두 있는 나라는 지구상에 칠레밖에 없어요."

* 곶 : 바다 쪽으로 좁고 길게 튀어나온 땅.
* 비옥(肥沃) : 땅이 영양이 되는 성분이 많음.

② 높은 부분의 위를 지나가다.

"강원도 양양군 서면 갈천리와 홍천군 내면 명개리에 걸쳐 있는 고개가 하나 있어요. 이름은 '구룡령(九龍嶺 : 아홉 구, 용 용, 고개 령)'이에요.

한계령이나 미시령 등 강원도의 다른 고개에 비해 비교적 평탄하여, 예부터 양양과 홍천 사람들이 해산물과 곡식을 교환하기 위해 넘던 고개였다고 해요. 그래서 '바꾸미' 고개라고도 부른답니다. '구룡령'은 아홉 마리 용이 하늘로 오르는 것처럼 구불구불하다 하여 붙여진 이름이라고 전해집니다.

일제 강점기 때 총독부에서 임산물과 광물자원을 강제로 빼앗기 위해 산허리를 깎아 길을 놓는 바람에 이 고갯길은 대부분 사라져 없어졌어요. 하지만 주민들의 노력으로 '구룡령 옛길' 복원 작업이 이루어졌지요.

마침내 2007년 12월 17일, 양양군 서면 갈천리에서 구룡령 정상까지의 옛길이 대한민국의 명승 제29호로 지정되었답니다."

* 복원(復元) : 본디 그대로 회복함.
* 명승(名勝) : 경치가 이름난 곳.
* 지정(指定) : 행정 관청이나 단체가 어떤 것에 특별한 자격을 줌.

③ 경계를 건너 지나다.

"659년, 중국 당나라 때의 승려 현장(玄奘, 602-664)은 불교의 유적지들을 돌아보고, 보다 완전한 형태의 불경을 구하고자, 인도로 가는 여행을 시작했어요. 이후 현장은 16년 동안 초인적인 의지로 5만 리(약 1만9천km)를 걸어 110개국의 국경을 넘은 끝에 애초에 목적한 사명을 모두 마쳤죠.

645년, 현장이 불경 640질을 가지고 당나라의 수도 장안으로 돌아오자 당 태종은 그를 반겨 맞았어요. 현장은 자신이 직접 가 보거나 들은 138개국의 풍토·산물·정치·풍속·전설 등을 소상히 적은 《대당서역기》를 지어, 당 태종에게 바쳤답니다."

* 초인적(超人的) : 보통 사람으로는 생각할 수 없을 만큼 뛰어난. 또는 그런 것.
* 질(帙) : 여러 권으로 된 책의 한 벌.

녹다

· 녹다

녹+아 → 녹아
녹+아서 → 녹아서
녹+기 → 녹기
녹+을 → 녹을

① 고체가 액체에 풀어져 섞이다.

"45억 년 전 지구가 생긴 후 오랜 세월 동안 매우 뜨거운 비가 내렸어요. 이 엄청난 양의 비가 지구의 표면 중 낮은 곳에 고여 바다가 생긴 것이죠. 처음에는 바닷물이 짜지 않았어요. 그런데 이후 수십억 년 동안, 지구의 표면을 이루고 있던 암석들이 바닷물에 녹아 들어갔어요. 그 암석들에는 다양한 성분이 들어 있었는데, 그중 소금이 제일 많았어요. 바로 이 소금 때문에 오늘날 바닷물이 짠물이 된 거예요.
　우리는 위와 같이 설명하는 책을 쉽게 접할 수 있어요. 그런데 왜 지구에 바다가 있는지는 과학자들도 정확하게 설명하기 어렵다고 해요. 왜 있는지 설명하기 어렵다면, 왜 짠지는 더욱 설명하기 어려울 거예요."

② **고체가 열을 받아 액체가 되다.**

"고체 상태의 A물질에 열을 가하면 녹아서 액체 상태가 돼요. 그런데 A물질의 일부가 녹기 시작하는 때부터 전부 다 녹을 때까지는 열을 가하는 데도 온도는 일정하게 유지돼요. 이 온도를 A물질의 '녹는점'이라고 해요. 온도가 일정하게 유지되는 것은 흡수한 열이 A물질의 상태를 고체에서 액체로 변화시키는 데 사용되기 때문이에요. 고체가 모두 액체로 변화하고 나면 열을 가하는 만큼 온도는 오릅니다.

반대로 액체 상태의 A물질을 냉각시키면 얼어서 고체 상태가 돼요. 이때도 A물질이 얼기 시작하는 때부터 전부 다 얼 때까지는 온도가 일정하게 유지돼요. 이 온도를 A물질의 '어는점'이라고 해요. 이때도 온도가 일정하게 유지되는 것은 A물질의 상태가 액체에서 고체로 변화할 때 열에너지를 방출하기 때문이에요. 액체가 모두 고체로 변화하고 나면 냉각시키는 만큼 온도는 내립니다.

녹는점과 어는점은 같아요. 만약 A물질이 물이라면, 녹는점과 어는점은 똑같이 섭씨 0도예요. 어떤 물질의 녹는점(=어는점)은 그 물질의 중요한 특성이에요. 그래서 비슷하게 보이는 두 물질이 같은 물질인지 서로 다른 물질인지를 알고 싶으면 녹는점(=어는점)을 재 보면 돼요. 녹는점(=어는점)이 같다면 같은 물질이고, 다르다면 서로 다른 물질인 겁니다."

* 유지(維持) : 어떤 상태나 현상을 그대로 보존함.
* 방출(放出) : 쌓아 놓고 있던 것을 내 놓음. 열, 빛, 전파의 형태로 에너지를 내보냄.

누르다

· 누르다

누르+어 → 눌러
누르+어야 → 눌러야
누르+지 → 누르지

① 물체에 힘이나 무게를 가하다.

"갑작스럽게 심장이 멎은 환자가 곁에 있다면, 하지만 불행히도 의사가 주위에 없다면, 일단 119에 신고를 한 후 심폐소생술을 시행해야 해요. 심장이 멎은 지 4분 안에 시행하지 않으면 환자는 뇌 손상으로 죽습니다.

일단 환자를 평지에 반듯이 눕혀요. 그리고 두 젖꼭지를 연결한 선이 있다고 생각하고 그 선의 한가운데 부분에 두 손을 포갠 후 체중을 실어 눌러 주어요. '이렇게 하다가 환자의 갈비뼈가 부러지겠다' 싶을 정도로 강하게, 자주 눌러야 해요. 이렇듯 심폐소생술은 간단한 기술이지만, 제대로만 하면 환자를 살릴 수도 있답니다."

* 시행(施行) : 어떤 일을 실제로 행함.
* 손상(損傷) : 병이 들거나 다침.

② 감정이나 기분을 밖으로 드러내지 않고 참다.

"더운 날씨에 개개인이 느끼는 불쾌감의 정도를 온도와 습도의 관계로 나타낸 지수를 '불쾌지수'라고 해요. 1959년부터 미국 기상국에서 발표하기 시작했죠.

불쾌지수가 70-75인 경우에는 10%의 사람들이, 75-80이면 50%의 사람들이, 그리고 80이 넘으면 거의 모든 사람들이 불쾌감을 느끼고, 작은 스트레스에도 화를 누르지 못하고, 그에 따라 우발적인 범죄나 이유 없는 폭력 사건이 많아진다고 해요.

우리나라는 장마 후 북태평양에서 만들어진 덥고 습기가 많은 고기압의 영향을 받을 때, 불쾌지수가 1년 중 가장 높아요. 그리고 하루 중에는 오후 3시경이 가장 높다고 하네요."

느끼다

· 느끼다

느끼+ㅂ니다 → 느낍니다
느끼+게 → 느끼게
느끼+며 → 느끼며

① 감각기관을 통하여 어떤 자극을 깨닫다.

"비행기를 타거나 높은 산에 올라갔을 때, 즉 주변의 기압이 갑작스럽게 낮아질 때 귀가 먹먹하다고 느낍니다. 왜 그럴까요?
 우리는 보통 귀를 가장 바깥쪽의 외이, 중간쯤의 중이, 가장 안쪽의 내의, 이렇게 셋으로 나누는데, 중이에는 '유스타키오관'이라는 것이 있어요. 중이와 코의 뒤쪽 부분을 연결해 주는 이 관을 통해 공기가 들어왔다 나갔다 하면서 귀 안팎의 기압이 똑같아집니다.
 하지만 갑작스럽게 귀 안팎의 기압 차이가 커지면 유스타키오관이 막혀 버려요. 그러면 귀 바깥은 기압이 낮고 귀 안

쪽은 기압이 높은 상태가 됨에 따라 외이와 중이를 나누는 경계인 고막이 외이 쪽으로 팽창하게 돼요. 바로 이럴 때 우리는 귀가 먹먹하다고 느끼게 됩니다."

② 어떤 감정을 마음으로 깨닫다.

"평창 동계올림픽 스피드 스케이팅 여자 500미터 결승. 이상화 선수는 3회 연속 금메달에 도전했어요. 하지만 일본 선수 고다이라에게 1위 자리를 내 주고 은메달에 머물렀죠. 울고 있는 이상화 선수를 꼭 안고 위로해 주었던 고다이라 선수가 경기 직후 인터뷰에서 한 말이에요.
 '상화와는 월드컵 때부터 정말 친하게 지냈어요. 상화가 우승하고 나는 그러지 못했을 때 상화가 함께 울어 줬어요. 그래서 이번에는 내가 상화를 위로하고 싶었어요. 상화 덕분에 저를 성장시킬 수 있었습니다.'
 이제 한국 스피드 스케이팅의 간판스타 이상화 선수가 무릎 통증 때문에 은퇴를 선언했어요. 은퇴 다음날 고다이라 선수가 메시지를 보내왔어요.
 '함께 높은 곳을 바라봤던 동료가 경기장을 떠날 때가 와서 쓸쓸한 마음과 감사의 마음이 교차하네요. 지금까지 열심히 해왔던 상화가 새로운 인생을 상쾌한 마음으로 활기차게 걸어가기를 빌어요. 수고했어. 그리고 고마워요.'
 두 선수는 기쁨과 슬픔, 감사와 위로, 이러한 감정들을 '공감'하며 10년을 지내왔다고 해요. 라이벌 관계였던 두 선수가 '서로의 감정을 함께 느끼며' 우정을 지켜 왔다는 것은 놀라운 일이에요. 하기야 '공감' 능력이 학습 성과와 사회적 성취에 긍정적인 영향을 미친다고 하니, 어쩌면 놀라운 일이 아닐지도 모르겠네요."

* 교차(交叉) : 서로 엇갈리거나 마주침.
* 공감(共感) : 남의 감정, 의견, 주장 따위에 대하여 자기도 그렇다고 느낌. 또는 그렇게 느끼는 기분.
* 긍정적(肯定的) : 바람직한. 옳다고 인정하는.

덮다

· 덮다

덮+은 → 덮은
덮+을 → 덮을
덮+어 → 덮어

① 일정한 범위나 공간을 빈틈없이 휩싸다.

"선인장의 뿌리는 물이 있는 곳을 찾아 길게 혹은 넓게 자랄 수 있어요. 물을 흡수하는 능력도 다른 식물에 비해 아주 뛰어나죠. 또한 선인장은 한 번 물을 흡수하면 오랫동안 저장할 수 있어요. 물의 증발을 막기 위해서 잎을 가시로 퇴화시키고, 잎에서 하는 광합성을 줄기에서 하기 때문이죠. 거기다가 선인장의 줄기는 매우 두껍고 부피가 늘었다 줄었다 해서, 물을 많이 저장할 수 있어요. 키가 아주 큰 선인장은 물을 몇 톤씩 저장할 수 있다고 해요.
　사막과 같이 건조한 지역에서 물을 많이 저장하고 있는 선인장은 목마름에 지친 동물의 먹잇감이 되기 쉬워요. 하지만 온몸을 덮은 가시 때문에 선인장은 자신을 지킬 수 있어요. 놀라운 생존 기술이 아닐 수 없죠?"

* 증발(蒸發) : 액체 상태에서 기체 상태로 변함.
* 퇴화(退化) : 생물체의 기관이나 조직이 쓰지 않아 점점 없어지거나 작아지는 것. 진보한 것이 원래의 상태로 되돌아가는 것.

② 펼쳐져 있는 책 따위를 닫다.

"철학자 칸트(1724-1804)는 매일 아침 정각 5시에 일어나, 매우 규칙적인 시간표대로 식사하고 강의하고 산책하고 연구하다, 저녁 10시 정각에 잠들었어요. 특히 산책 시간을 정확히 지킨 일은 널리 알려져 있지요. 오후 3시 30분이 되면 회색 연미복을 걸친 칸트는 지팡이를 들고 대문을 나서서 보리수나무가 늘어선 길을 산책했어요. 이웃사람들은 그런 칸트를 보고 시곗바늘을 맞출 정도였다고 해요.

하지만 칸트가 책을 읽느라고 딱 한 번 산책 시간을 어긴 적이 있었다고 해요. 어떤 책이었냐고요? 칸트가 차마 책을 덮을 수 없었던, 바로 그 책은 루소의 《에밀》이에요. 칸트에게 《에밀》은, 잠시 덮어 두었다가 산책을 마치고 돌아와 다시 읽으면 되는, 그런 책이 아니었던 거예요."

* 연미복(燕尾服) : 남자용 서양 예복 중의 하나. 저고리의 앞은 허리 아래가 없고 뒤는 두 갈래로 길게 내려와 마치 제비의 꼬리처럼 보인다 해서 '연미(연의 꼬리)복'이라고 부른다.

* 보리수(菩提樹) : 인도가 원산지인 활엽수. 부처가 이 나무 아래에서 진리를 개달았다고 전해진다.
* 루소(1712~1778) : 프랑스의 작가・계몽사상가. 이성보다는 감성을 중요시하는 낭만주의의 기초를 마련하였다. 문명사회를 비판하고, 자연으로 돌아갈 것을 주장하였다. 그의 저서 《에밀》은 자연 중심의 교육 이념을 제시하여 이후 교육 사상가들에게 커다란 영향을 미쳤다.

③ 어떤 사실이나 내용 따위를 따져 드러내지 않고 그대로 두거나 숨기다.

"관중이 일찍이 곤궁할 적에 포숙과 함께 장사를 하였는데, 이익을 나눌 때마다 관중이 몫을 더 많이 가지곤 했지만, 포숙은 친구를 욕심 많은 사람이라고 말하지 않았어요. 관중이 가난한 것을 알았기 때문이에요.
 한번은 관중이 포숙을 위해 일을 꾀하다가 실패하여 포숙을 곤궁한 지경에 이르게 했는데, 포숙은 친구를 어리석다고 하지 않았어요. 이롭고 이롭지 않은 것이 운에 달려 있는 줄을 알았기 때문이에요.
 관중은 일찍이 여러 차례 벼슬길에 나갔다가 매번 임금에게 쫓겨났지만, 포숙은 친구를 무능하다고 하지 않았어요. 관중이 좋은 때를 아직 만나지 못한 줄을 알았기 때문이에요.
 그리고 관중은 여러 차례 전쟁터에서 싸웠다가 모두 패해서 달아났지만, 포숙은 친구를 겁쟁이라고 하지 않았어요. 관중에게 늙은 어머니가 있다는 것을 알았기 때문이에요.

관중은 훗날 고백했어요. '나를 낳은 이는 부모지만, 나를 알아준 이는 포숙이다.' 이렇게 해서 '서로의 처지와 능력을 알아주고, 서로의 허물을 덮어 주는 친구 사이'를 뜻하는 '관포지교(管鮑之交, 관중과 포숙의 사귐)'라는 고사성어가 생겼어요."

* 곤궁(困窮) : 가난하고 구차함.
* 허물 : 잘못 저지른 실수. 흉.

되다

· **되다**

되+었답니다 → 되었답니다
되+었어요 → 되었어요
되+어 → 되어

① 새로운 신분이나 지위를 가지다.

"무궁화는 우리나라 어디에서나 심고 길러요. 여름부터 가을까지 약 100일 동안 꽃이 피고 지고를 계속해서 무궁화(無窮花, 끝도 없이 피는 꽃)라는 이름을 얻었지요. 끈질긴 생명력이 우리 겨레와 많이 닮았어요.

지금의 애국가에는 '무궁화 삼천리 화려강산 대한 사람 대한으로 길이 보존하세' 하는 후렴이 있어요. 그런데 이 후렴은 일제 강점기 때 부르던 애국가에도 똑같이 있었어요. 그때 이미 온 겨레가 무궁화를 나라꽃으로 여겼던 것 같아요.

애국가는 갑오개혁 이후로 여러 사람이 만들었어요. 곡조도 다양하고 가사도 다양했어요. 지금의 애국가는 스코틀랜

드 민요 <올드 랭 사인>에 맞춰 부르던 애국가 가사에 안익태가 곡을 붙인 겁니다. 이 애국가가 1948년, 대한민국정부가 수립되면서 정식 국가가 되었답니다."

② 일정한 수량에 이르다.

"1912년 4월 14일 새벽. 빙산에 부딪힌 타이타닉 호가 가라앉았어요. 2,200명이 넘는 승객과 승무원 가운데 사망자는 약 1,500명이나 되었어요.
　당시 규정에는 1만 톤 이상인 영국 선박은 구명보트를 열여섯 척 준비해야만 했어요. 타이타닉 호는 그 규정을 지켰어요. 하지만 열여섯 척으로 태울 수 있는 승객 수는 1,200명 정도였어요. 결과적으로 타이타닉 호가 승객을 너무 많이 태워 참사가 벌어진 셈이에요. 더욱 안타까운 일은 열여섯 척의 구명보트로 구출한 승객이 1,200명이 아니라 700명 정도였다는 점이에요. 질서 있게 구출작업을 했다면, 500명 정도의 승객을 더 살릴 수 있었던 거예요."

* 타이타닉 호 : 1911년에 만들어진 4만 6,328톤짜리 호화 여객선. 1912년 4월 15일, 빙산과 충돌해 가라앉으며 1,514명의 승객과 승무원의 목숨을 앗아갔다.
* 참사(**慘事**) : 비참한 일.

③ 이루어지거나 구성되다.

"위장에서 어느 정도 소화된 음식물은 조금씩 '작은창자(소장)'로 내려갑니다. 작은창자(소장)는 세 부분으로 되어 있어요. 먼저 위장하고 바로 이어진 '샘창자(십이지장)'가 있는데, 길이는 약 25cm예요. 다음에는 길이가 약 2.5m인 '빈창자(공장)'가 있고, 마지막으로 약 3.5m 길이의 '돌창자(회장)'가 꼬불꼬불 이어져 있습니다. 얼핏 계산해 보아도 길죠? 작은창자(소장)는 길이가 보통 6-7m예요. 우리 몸속 기관 중 가장 길죠. 큰창자(대장)는 두께가 작은창자보다 두꺼울 뿐, 길이는 1.5m에 지나지 않습니다."

들다 1

· 들다 1

들+고 → 들고
들+ㄴ → 든

① 손에 가지거나 잡다.

"유럽의 강대국이 되고 싶었던 러시아는 지중해로 진출하기 위해 1853년에 터키를 침략했어요. 전쟁이 일어난 거예요. 병원이 허술하게 운영되다 보니 제대로 치료받지도 못한 부상병들이 무수히 죽어갔어요. 이 소식을 접한 영국의 간호사 나이팅게일은 터키의 수도 이스탄불로 가서 야전병원의 원장으로 일했어요.
　나이팅게일(1820-1910)은 하루도 빼놓지 않고 캄캄한 밤 등불을 높이 들고 병실을 돌아다니며 병들거나 다친 병사들의 상태를 점검했어요. 그런 나이팅게일을 병사들은 '등불을 든 천사'라고 불렀어요.
　나이팅게일이 온 지 약 6개월 만에 42퍼센트의 사망률이 2

퍼센트로 떨어졌어요. 나이팅게일을 중심으로, 정부와 군대, 의사와 간호사들이 지혜를 모은 덕분이었어요."

* 야전병원(野戰病院) : 싸움터에서 생기는 부상병을 일시적으로 수용하고 치료하기 위하여 전투 지역에서 가까운 후방에 설치하는 병원.
* 점검(點檢) : 낱낱이 검사함.

② 설명하거나 증명하기 위하여 사실을 가져다 대다.

"대뇌는 크게 안쪽에 있는 '변연계'와 바깥쪽에 있는 '대뇌피질'로 나뉘어요. 변연계는 '배고픈데, 밥부터 먹어야 하겠어.' 혹은 '너무 춥다. 동굴 속으로 들어가자.'와 같이 본능에 따라 살기 위한 생각을 해요.

반면에 '대뇌피질'은 '이 세상은 무엇으로 이루어져 있을까?' 혹은 '이런 일은 어떻게 해야 효율적일까?'와 같이 조금 어렵고 복잡한 생각을 하죠.

복잡한 생각을 하기 위해서는 많은 뇌세포가 필요해요. 그래서 대뇌피질은 심하게 주름져 있어요. 두개골이라는 한정된 공간 안에 많은 뇌세포가 들어가려면 주름을 잡아 표면적을 넓히는 방법밖에 없거든요.

여러분! 지구에 사는 동물 가운데 사람만이 가진 신체적 특징은 무엇일까요? 많은 특징들이 있겠지만, 저는 '대뇌피질'에 주름이 아주 많다는 점을 들고 싶네요."

* 변연계(**邊緣系**) : 대뇌 중 주로 기억과 학습, 감정을 관장하는 부분.
* 대뇌피질(**大腦皮質**) : 대뇌 반구의 표면을 덮고 있는 얇은 층. 주름이 많이 져 있다.

들다 2

· 들다 2

들+게 → 들게
들+어 → 들어
들+었다고 → 들었다고

① 물감, 색깔, 물기, 소금기가 스미다.

"가을이 다가올 무렵 꽃밭이나 담장 밑에서 봉숭아 꽃잎과 잎사귀를 따요. 막자사발(알약 같은 것을 갈아서 가루로 만드는 데 쓰는 절구 모양의 작은 사기그릇)에 꽃잎, 잎사귀, 백반 가루를 넣고 잘게 찧어요. 찧은 걸 손톱 위에 올려놓고 비닐로 감싼 후 실로 꽁꽁 동여매요. 반나절쯤 후에 비닐을 풀면 손톱에 예쁘게 봉숭아물이 들게 돼요.
봉숭아 꽃잎과 잎사귀에는 손톱이나 발톱 같은 딱딱한 단백질에 잘 스며드는 색소가 있어요. 봉숭아물이 잘 들도록 도와주는 백반 가루까지 섞으면 쉽게 지워지지도 않아요. 백반은 약국에서 쉽게 구입할 수 있어요."

② 안에 담기거나 그 일부를 이루다.

"우리 몸에 있는 칼슘의 99%가 뼈 속에 들어 있어요. 잘 알고 있듯이, 칼슘은 뼈를 튼튼하게 해 주죠. 하지만 칼슘은 심장 박동, 혈관의 수축과 이완, 혈액 응고 등에 필요한 소중한 영양소예요. 그래서 몸이 필요하다고 하면, 뼈는 칼슘을 피 속에 녹여 내보내죠. 그리고 피 속에 칼슘이 너무 많다 싶으면 다시 빨아들여 저장해 둡니다. 겉보기에 그냥 딱딱한 막대기 같아 보여도, 뼈는 살아 있는 세포로 된, 살아 있는 조직이랍니다."

* 박동(搏動) : 맥이 뛰는 것.
* 수축(收縮) : 부피나 규모가 줄어드는 것. 근육 따위가 오그라드는 것.
* 이완(弛緩) : 근육이나 긴장 따위가 풀려 느슨해지는 것.
* 응고(凝固) : 액체 따위가 엉겨 뭉쳐 딱딱하게 굳어지는 것.

③ 어떤 일에 돈, 시간, 노력, 물자 따위가 쓰이다.

"파나마 운하는 북아메리카와 남아메리카를 연결하는 좁은 땅을 파서, 배가 태평양과 대서양을 오갈 수 있도록 만든 운하예요. 총길이는 약 80㎞, 너비는 152~304m랍니다. 이전에는 배가 태평양과 대서양을 오가려면 남아메리카 최남단을 거쳐야 했어요. 이제 파나마 운하를 건설함으로써 항해 거리를 1만5천㎞나 단축할 수 있게 되었답니다.

운하 건설 과정은 경제적·군사적 문제 등으로 우여곡절이 많았어요. 그러다 결국은 미국이 파나마 운하를 건설하게 됐지요. 12년 동안 총 4만3천여 명의 노동력이 투입되었고, 1914년 8월 15일 개통되기까지 공사비만 4억 달러가 들었다고 해요.
　1950년대 이후 파나마 정부는 운하를 되돌려 줄 것을 미국에 요구했어요. 그리고 1977년, 파나마 정부가 운하의 '영구중립'을 약속하는 조건으로 미국이 운하를 반환하겠다는 <파나마운하조약>이 체결되었지요. 이에 따라 1999년 12월 31일, 운하의 소유권과 관할권을 파나마가 갖게 되었답니다."

* 운하(運河) : 배가 다닐 수 있게 땅을 파서 만든 물길.
* 우여곡절(迂餘曲折) : 뒤얽혀 복잡한 사정.
* 영구(永久) : 어떤 상태가 시간적으로 무한히 지속됨.
* 중립(中立) : 국가 사이의 분쟁이나 전쟁에 관여하지 아니하고 중간 입장을 지킴.
* 반환(返還) : 도로 돌려주는 것.
* 관할권(管轄權) : 통제하거나 지배하는 권리.

들어오다

- 들어오다

들어오+ㄴ → 들어온
들어오+아요 → 들어와요
들어오+지 → 들어오지

① 밖에서 안으로 향하여 오다.

"일반적으로 우리가 음식을 먹을 때 공기도 함께 먹어요. 음식과 함께 식도를 지나 위까지 들어온 공기는 우리가 모르는 사이에 소리도 없이 도로 식도를 거쳐 입 밖으로 나가게 됩니다. 그런데 공기 양이 지나치게 많으면 '끄윽' 하는 소리와 함께 요란하게 나가기도 해요. 우리는 이런 현상을 '트림'이라고 합니다.

음식을 먹으면서 말을 많이 했을 때나 너무 빨리 먹었을 때, 트림을 더 자주 해요. 트림을 하고 나면 공기가 차지하고 있던 공간이 없어지기 때문에 위의 부피가 줄어들면서 뱃속이 편안해져요.

불필요한 공기를 몸 밖으로 내보내는 자연스러운 현상이지만 트림을 너무 자주 하는 것은 건강에 좋지 않아요. 따라서 되도록 말하지 않고 음식을 천천히 씹어 먹어야 합니다."

② 사물이 보이다.

"코는 얼굴 한가운데에 산맥처럼 우뚝 솟아 있어서 눈에 가장 먼저 들어와요. 그래서 코가 사람의 인상을 좌우하는 경우가 많아요.
　코는 모양에 따라 이름도 많아요. 코끝이 위로 들려서 콧구멍이 드러나 보이는 들창코, 매부리와 같이 코끝이 아래로 삐죽하게 숙은 매부리코, 뭉뚝하고 크게 생긴 주먹코, 코끝이 뾰족한 칼코……. 사람들이 코에 관심이 많기 때문에 이렇게 이름이 많은 거겠죠?"

* 인상(印象) : 어떤 대상에 대하여 마음속에 새겨지는 느낌.
* 좌우(左右)하다 : 어떤 일에 영향을 주어 지배하다.
* 숙다 : 기울어지다

③ 말이나 글의 내용이 이해되어 기억에 남다.

"요즘 우리는 책을 읽을 때 소리 내지 않고 눈으로만 읽는 편이에요. 그런 독서를 묵독(默讀)이라고 해요. 반대로 소리를 내어 책을 읽는 것은 낭독(朗讀)이라고 하지요. 옛날에도 묵독하는 경우가 많았을까요? 아니에요. 동양에서나 서양에서나, 책을 읽는다 하면 무조건 낭독이었어요. 묵독은 매우 이상한 일이었죠.

요즘이야 책이 넘쳐나지만 옛날에는 책이 매우 귀했어요. 그리고 책 속에는 대부분 경건한 내용이 담겨 있었어요. 그래서 옛 사람들은 크고 우렁찬 소리를 내면서 경건한 몸짓과 함께 책을 읽었답니다. 요즘에도 교회나 절에서 경전을 읽을 때는 전 교인이 함께 큰 소리로 읽지 않나요?

옛 사람들은 낭독을 함으로써, 책에 기록된 내용이 죽은 기호에서 살아 있는 말로 깨어난다고 생각했어요. 그리고 놀랍게도 현대 과학도 그런 낭독의 가치와 효과를 입증했어요. 몇 번이고 책을 읽었는데도 책의 내용이 잘 들어오지 않을 때는 큰 소리로 읽어 보세요. 효과가 분명히 있을 거예요."

* 경건(敬虔)하다 : 우러러 받드는 마음으로 삼가고 조심하다.
* 경전(經典) : 종교나 훌륭한 사람의 가르침을 적은 책.

들여다보다

· **들여다보다**

들여다보+ㄹ → 들여다볼
들여다보+는 → 들여다보는

① **밖에서 안을 보다.**

"1895년 11월 8일 저녁, 뢴트겐(1845~1923)은 암실에서 음극선관에 대한 실험을 하고 있었어요. 음극선관은 전기 신호를 화면에 나타내 주는 진공관이에요. 실험 중 검은 마분지로 싼 음극선관에 전류를 흘려보내자, 몇 미터 떨어진 책상 위 스크린에서 밝은 빛이 보였어요. 알 수 없는 그 무엇이 검은 마분지를 통과해 스크린에 닿았던 거예요. 뢴트겐은 음극선관에서 새로운 종류의 방사선이 나왔다고 생각하고, 이를 'X선'이라고 이름 지었어요.
 X선은 가시광선이 통과하지 못하는 물질을 통과할 수 있었어요. 그리고 물질의 밀도에 따라 통과할 수 있는 정도가 달랐어요. 그래서 복잡한 구조를 가진 인간의 몸 같은 것의

내부를 입체적으로 들여다볼 수 있게 해 주었어요.

  이런 특징 때문에 X선은 의학에서 유용하게 쓰였어요. 굳이 칼로 베어서 열어 보지 않아도, 환자의 아픈 부위를 진단·치료할 수 있는 길이 열렸기 때문이에요. 뢴트겐은 X선을 발견한 업적으로 1901년, 최초로 노벨 물리학상을 수상했어요."

* 방사선 : 라듐이나 우라늄 같은 물질이 스스로 무너지거나 깨져서 다른 물질로 바뀔 때 내뿜는 전자파. 의학이나 과학 연구에 널리 쓴다.
* 가시광선(可視光線) : 눈으로 볼 수 있는 보통 광선.
* 수상(受賞) : 상을 받는 것.

② 가까이서 자세히 살피다.

  "독서를 권하는 책에서 흔히 볼 수 있는 말이 있죠. '자투리 시간을 활용하라.' 하지만 자투리 시간에 차분하게 마음을 가라앉히고 책을 들여다보는 일이 결코 쉽지만은 않아요.

  그럼에도 저 역시 또 그 뻔한 말을 할 수밖에 없네요. '자투리 시간을 활용하라'고요. 그런 데는 이유가 있어요. 각종 공부에 시달리는 우리 청소년들에게 자투리 시간 외에 독서할 시간은 없기 때문이에요.

  주변에 드물게 독서의 고수들이 있죠? 참 부지런히 책을 읽고, 읽은 바를 정리하는 친구 말이에요. 그런데 그런 고수들에게도 독서가 허락되는 시간은 자투리 시간밖에 없다는 사실을 아세요? 고수들은 독서할 시간이 많은 친구가 아니라 자투리 시간을 허투루 보내지 않고 책을 들여다보는 친구일 뿐이에요."

* 자투리 : 잘라 쓰고 남은 천 조각. 아주 작거나 적은 것.
* 허투루 : 아무렇게나 되는 대로.

떨어지다

· **떨어지다**

떨어지+어요 → 떨어져요
떨어지+ㄹ → 떨어질
떨어지+ㄴ → 떨어진
떨어지+어 → 떨어져

① 달렸거나 붙었던 것이 갈라지거나 떼어지다.

 "배꼽은 탯줄의 흔적이에요. 탯줄은 임신 기간 동안 태아와 엄마를 연결해 주는 끈 모양의 줄인데, 태아는 이 줄을 통해 엄마로부터 영양분과 산소를 받아들여요.
 하지만 탯줄은 출산 이후에는 있을 필요가 없어져요. 아기가 엄마 젖이나 분유를 먹을 수 있고, 호흡을 통해서 산소를 들이마실 수 있기 때문이지요. 그래서 출산 후 일주일쯤 지나면 탯줄은 아기의 몸에서 자연스럽게 떨어져요. 이때 탯줄이 붙어 있던 자리에 상처가 나는데, 그 상처가 바로 배꼽인 거예요.

배꼽은 그 자체로는 아무런 활동도 하지 않는 흔적기관이에요. 즉 태아가 어머니 배 속에서 나온 순간부터 생명 활동에 그 어떠한 역할도 하지 않아요."

* 태아(胎兒) : 엄마 자궁에서 자라고 있는 어린 생명체.
* 흔적기관(痕迹器官) : 생물의 기관 가운데 그 이전에는 생활에서 쓸모가 있었으나 현재는 쓸모없이 흔적만 남아 있는 부분.

② 위에서 아래로 내려지다.

"지구가 끌어당기는 힘에 의해 우주 공간에서 떠돌던 물체가 대기권에 진입할 때가 있어요. 그럴 경우 이 물체가 대기권을 통과해 지상으로 떨어질 것 같지만, 그럴 가능성은 매우 낮아요. 공기와의 마찰 때문에 대기권에서 모두 타서 소멸되기 때문이에요. 하지만 그 물체가 제법 크다면 모두 소멸되지 않고 지상으로 떨어질 때도 있어요. 이렇게 떨어진 물체를 운석이라고 해요. 운석은 상당히 희귀하고 지구상의 암석과 구별되는 특징들을 가지고 있어서, 과학자들의 중요한 연구 대상이랍니다."

* 대기권(大氣圈) : 지구 중력에 의해 지표면 가까이에 밀착되어 지구와 함께 회전하고 있는 여러 기체를 대기(공기)라고 하며, 대기가 존재하고 있는 층을 말한다.
* 진입(進入) : 어떤 곳에 들어서는 것.
* 마찰(摩擦) : 두 물체가 서로 닿아 비벼지는 것.

* 소멸(消滅) : 사라져 없어지는 것.
* 희귀(稀貴)하다 : 아주 드물어서 아주 귀하다.

③ 일정한 거리를 두고 있다.

 "문학에 관심이 많은 여행자들이 꼭 가 보고 싶어 하는 영국의 작은 도시가 있어요. 바로 극작가 윌리엄 셰익스피어(1564-1616)의 고향 스트랫퍼드어폰에이번이죠. 런던에서 북서쪽으로 200㎞쯤 떨어져 있는 이곳에는 셰익스피어가 태어났던 목재 골조의 집이 아직도 남아 있어요. 인구가 3만 명이 채 안 되지만, 1년에 평균 80만 명 이상의 여행자들이 찾아올 정도로 이름 난 관광 명소랍니다."

* 골조(骨組) : 건물의 뼈대나 짜임새.
* 명소(名所) : 아름다운 경치나 유적 같은 것으로 널리 이름난 곳.

④ 값, 기온, 수준 따위가 낮아지거나 내려가다.

 "아이가 성장 부진을 겪는 데에는 크게 4가지 이유가 있어요. ① 성장판이 빨리 닫히는 성조숙증이 있는 경우, ② 깊은 잠을 방해하는 알러지 질환(비염, 아토피, 천식 등)이 있는 경우, ③ 입맛이 없어 영양섭취에 문제가 있는 경우, 그리고 ④ 면역력이 떨어져 질병에 자주 노출되는 경우. 성장 부진을 겪고 있는 자녀에게 필요한 것은, 적절한 치료, 규칙적인 생활, 꾸준한 운동, 충분한 휴식과 수면입니다."

* 부진(**不振**) : 어떤 일이 이루어지는 기세나 힘 따위가 활발하지 않은 것.
* 성장판(**成長板**) : 뼈가 자라는 곳. 팔, 다리, 손가락, 손목 등의 뼈 끝부분에 있다.
* 성조숙증(**性早熟症**) : 성조숙증은 여자 아이 8세 미만, 남자 아이 9세 미만에 사춘기 현상이 나타나는 것이다. 사춘기 현상은 여자 아이의 경우 월경, 남자 아이의 경우 성기의 발달이 대표적이다.
* 알러지(Allergie) : 어떤 물질이 살갗에 닿거나 몸속에 들어갔을 때 콧물, 재채기, 두드러기 등이 일어나는 것.
* 비염(**鼻炎**) : 콧속 점막의 염증.
* 아토피(atopy) : 어린 아이 피부가 까칠까칠하면서 몹시 가려운 병.
* 천식(**喘息**) : 기관지에 경련이 일어나서 기침이 나고 숨이 가빠지는 병.

뛰어넘다

· 뛰어넘다

뛰어넘+는 → 뛰어넘는
뛰어넘+으며 → 뛰어넘으며

① 예상이나 한계를 훨씬 넘어서다.

"이탈리아 제노바 출신의 음악가 파가니니(1782-1840)는 클래식 역사상 최고의 바이올리니스트였어요. 상상을 뛰어넘는 그의 연주는 관객들을 사로잡았어요. 네 개의 현 중 한 줄만으로 연주한다거나, 왼손가락으로 줄을 튕기면서 오른손으로는 활을 켜는 그를 보고, 사람들은 '악마의 바이올리니스트'라고 불렀어요. 악마에게 영혼을 팔아 그 대가로 어려운 연주 기술을 얻게 되었다고 생각했기 때문이에요.
　파가니니가 예술적 재능을 받고 대신 영혼을 악마에게 넘겨주었다는 것을 믿는 사람은 하나도 없을 거예요. 하지만 타임머신을 타고 그의 시대로 가서 그의 연주를 직접 듣게 된다면, 혹시 믿을지도 모르겠네요."

② 몸을 솟구쳐서 위로 넘다.

 "정해진 거리에 똑같은 간격으로 배치해 놓은 허들(장애물)을 뛰어넘으며 달려 순위를 겨루는 육상 경기를 '장애물 달리기' 혹은 '허들 경주'라고 해요. 남자 경기의 경우 1896년 제1회 아테네 올림픽부터, 여자 경기의 경우 1972년 뮌헨 올림픽부터 도입되었답니다.
 장애물 달리기는 스피드, 뛰어오르는 힘, 리듬 감각을 필요로 하는 육상 경기예요. 뛰어넘는 과정에서 허들을 넘어뜨리는 것은 괜찮지만, 발이나 다리가 허들의 바깥쪽으로 나가거나 손을 사용해 고의로 허들을 넘어뜨리면 반칙이라고 하네요.
 우리나라의 장애물 달리기는 세계적인 수준에는 못 미치지만, 아시안 게임에서는 메달을 따는 스타를 배출한답니다. 2018년 자카르타 팔렘방 아시안게임 때, 정예림 선수가 여자 허들 100m에서 금메달을 따던 모습이 기억에 남습니다."

* 배치(**排置**) : 일정한 차례나 간격에 따라 벌여 놓음.
* 도입(**導入**) : 어떤 것을 들여오는 것.

막다

• **막다**

막+는 → 막는
막+아 → 막아
막+고 → 막고

① 어떤 일이나 행동을 못하게 하다.

 "직장 내에서 여성들의 고위직 진출을 막는 보이지 않는 장벽을 '유리천장'이라고 해요. 겉으로 보기에는 남녀 간 성차별이 많이 줄어든 것 같지만, 실제로는 유리처럼 투명한 장벽이 존재함을 의미해요. 잘 안 보여서 '유리'이고, 더 이상 올라갈 수 없으니 '장벽'인 거죠.
 2015년 3월 8일 '세계 여성의 날'을 앞두고 영국 주간지 <이코노미스트>가 28개국의 '유리천장 지수'를 발표했어요. 이 지수는 남녀의 교육 정도와 임금의 차이, 기업 임원과 국회의원 중 여성이 차지하는 비율 등을 종합해 점수로 낸 거예요.
 한국은 100점 만점에 25.6점으로 조사 대상국 가운데 최하

위인 28위를 기록했어요. 참고로 핀란드가 80점으로 1위, 73.1점을 받은 노르웨이와 스웨덴이 공동 2위였고요, 한국은 무슬림 국가인 터키(29.6), 일본(27.6)보다 낮은 점수를 받은 겁니다."

② 길, 통로 따위가 통하지 못하게 하다.

"해수면보다 낮은 땅 네덜란드에는 제방에 난 구멍을 밤새 막아 마을을 구했다는 한스 브링커라는 소년의 이야기가 유명해요. 하지만 이제 사람들은 이 이야기가 지어낸 이야기라는 사실을 모두 알고 있죠. 네덜란드 사람들은 한 용감한 소년이 구멍을 막고 있기만 하면 되는 수준이 아니라, 거의 재앙에 가까운 수준의 물의 위협을 받으며 살아왔어요.

1421년에는 홍수로 인해 열 개가 넘는 도시가 물에 잠긴 적이 있었어요. 1953년에는 폭풍과 함께 닥친 집채만 한 파도가 남서부 해안 지역을 뒤덮어, 1,835명의 주민과 가축 20만 마리가 희생되기도 했죠. 이를 계기로 네덜란드는 1958년부터 1986년까지 세계 최고의 공학 기술을 바탕으로 댐, 제방, 수문, 운하를 건설했어요. 이 공사는 세계의 여덟 번째 불가사의라고 불린답니다."

* 재앙(災殃) : 뜻하지 아니하게 생긴 불행한 일. 또는 천재지변으로 인한 불행한 사고.
* 불가사의(不可思議) : 사람의 생각으로서는 미루어 헤아릴 수 없는 일.

만나다

· **만나다**

만나+러 → 만나러
만나+요 → 만나요
만나+지요 → 만나죠
만나+ㄴ → 만난
만나+아 → 만나

① 누군가 가거나 와서 둘이 서로 마주 보다.

"미국의 노예제 폐지 운동에 적극 참여하다가 체포되어 감옥에 갇힌 한 청년이 있었어요. 소식을 듣고 그의 스승이 그를 만나러 왔어요. 바로 미국의 초월주의 사상가 에머슨(1803-1882)이었어요. 에머슨은 청년에게 물었어요. '자네는 왜 여기 있는가?' 그러자 청년이 되물었어요. '선생님은 왜 여기 있지 않습니까?'

이 이야기의 주인공 청년이 바로 헨리 데이빗 소로(1817-1862)예요. 《월든》이라는 책으로 유명한 소로는 문명의 때가 묻지 않은 순수한 자연생활을 예찬하였으며, 시민의 자유를 열렬히 옹호하였던 사상가이자 수필가였어요."

* 초월주의(超越主意) : 인간의 감각으로는 파악할 수 없는 초월적 세계가 실제로 존재한다고 믿는 사상.
* 예찬(禮讚) : 무엇이 훌륭하거나 좋거나 아름답다고 찬양함.
* 옹호(擁護) : 두둔하고 편들어 지키는 것.

② 선이나 길, 강 따위가 서로 마주 닿다.

"북한강은 금강산(金剛山)의 작은 물줄기에서 시작해 남쪽으로 흐르면서 강원도 철원, 화천을 지나 두물머리(양수리)에서 남한강과 만나요. 한편 남한강은 강원도 태백산(太白山)의 작은 물줄기에서 시작해 영월을 거쳐 충청북도 단양과 충주, 경기도 여주를 지나 두물머리에서 북한강과 만나죠. 이렇게 두물머리에서 만난 북한강과 남한강이 '한반도의 큰 강'인 한강을 이룬답니다."

③ 바람, 비, 눈 따위를 맞다.

"조선 성종 때의 문신 최부는 과거 급제 후 제주도에서 관리로 일했어요. 1488년 부친상을 당해 고향 나주로 돌아가기 위해 제주 앞바다를 떠났다가 풍랑을 만나 표류하게 됩니다. 해류에 의해 명나라 남쪽에 닿은 최부는 42명의 부하들과 함께 고난을 겪다가 160여 일 만에 조선으로 돌아왔답니다."

그 과정에서 뜻하지 않게, 최부는 조선인 최초로 15세기 중국 명나라 때의 강남과 강북, 요동 지역을 두루 살핀 관리가 되었어요. 당시에는 사신 일행만 중국에 드나들 수 있었는데 그 사신들도 정해진 길로만 다녔기 때문에 북경 남쪽으로는 내려갈 수 없었죠.
　이후 성종의 명에 따라 최부는 바다를 표류하다 중국에 닿았을 때부터 조선으로 돌아올 때까지 겪은 일들을 토대로 《표해록》을 지었어요. 이 책에는 당시 중국의 기후, 도로, 풍속, 군사, 교통, 도시 풍경 등이 자세히 묘사돼 있어요. 그래서 《표해록》은 한국과 중국뿐만 아니라 세계의 많은 학자들에게 15세기 중국 명나라에 대한 사실적인 기록으로 인정받고 있답니다."

* 표류(漂流) : 물에 떠서 흘러가는 것.
* 사신(使臣) : 임금이나 국가의 명령을 받고 외국에 사절로 가는 신하.
* 묘사(描寫) : 어떤 것을 말, 글, 그림 같은 것으로 나타내는 것.

만들다

· 만들다

만들+었어요 → 만들었어요
만들+어 → 만들어
만들+는 → 만드는

① 재료와 기술을 가지고, 없던 것을 있게 하다.

"우리 조상들은 닥나무 껍질을 잿물에 삶은 다음, 곱게 펴서 말려 한지를 만들었어요. 한지는 글을 쓰거나 그림을 그려 책을 만들 때, 그리고 부채나 반짇고리, 밧줄이나 노끈 등의 생활용품을 만들 때에도 요긴하게 쓰였어요. 한지는 질기고 부드러워 예로부터 중국에서도 인기가 많았다고 해요."

* 잿물 : 짚이나 나무를 태운 재를 우려낸 물.
* 반짇고리 : 바늘, 실, 골무, 헝겊 따위의 바느질 도구를 담는 그릇.

② 새로운 상태를 이루어내다.

"사실 역사가 없어도 우리는 얼마든지 잘 살 수 있어요. 역사에 관심을 갖고 역사를 공부한다 해서 돈이 되는 것도 아니에요. 직장에서 보게 되는 승진 시험에도 '역사' 과목은 없어요. 추측컨대 대학입시 이후 평생 동안 역사와 담을 쌓고 살아가는 사람들도 많을 거예요.

하지만 역사는 '내가 속해 있는 공동체(직장이든 지역사회든 국가든)를 앞으로 어떻게 만들어 갈 것인가?' 혹은 '그 과정에서 나는 무엇을 할 것인가?'와 같은 의문에 대답해 줘요. 현재의 상황과 정확하게 일치하는 역사는 없지만, 현재와 제법 비슷한 역사를 통해서도 우리는 보다 나은 내일을 준비할 수 있는 지혜를 얻을 수 있답니다.

③ 그렇게 되게 하다.

"인기 있는 사극이 방영되는 동안에는, 학생들이 '이러이러한 일이 정말 있었던 일이에요?' 하고 국사 선생님을 당황스럽게 만드는 질문을 많이 한다고 해요. 학생 수준에서 드라마에 나오는 사건들이 사실인지 허구인지 구분하는 일이 쉽지 않기 때문이겠죠.

그럴 때마다 역사 선생님들은 걱정이 많다고 해요. 수업 시간에 배우는 역사보다 사극에 나오는 인물과 사건들이 더 재미있다 보니, 황당한 허구가 학생들에게 사실로 받아들여지는 경우가 많기 때문입니다.

이제 역사 교육이 역사 선생님이나 역사학자들만의 몫이 아닌 시대가 됐어요. 사극을 쓰는 방송작가들도 자신이 역사 선생님이 될 수도 있으니, 책임감을 가지고 작품을 써야 할 것 같아요."

* 허구(虛構) : 사실이 아닌 일을 사실인 것처럼 조작함. 혹은 그렇게 조작한 것.
* 황당(荒唐)하다 : 말이나 행동 따위가 참되지 않고 터무니없다.

맞다1

· 맞다1

맞+는 → 맞는
맞+을까요 → 맞을까요

① 크기, 규격 따위가 다른 것의 크기, 규격 따위와 어울리다.

"야광귀는 설날 밤에 하늘에서 내려오는 짓궂은 귀신이에요. 잠을 자는 아이의 신발을 신어 보고 맞는 것이 있으면 신고 가는 도둑 귀신이지요. 야광귀한테 신을 도둑맞은 아이는 그해 운수가 나쁘다고 해요.

그래서 아이들은 설날 밤에는 신발을 품에 안고 자요. 그래도 안심이 안 되는 아이들에게 할아버지께서 일급비밀을 가르쳐 주십니다. 야광귀는 셈도 잘 못 하면서 작은 구멍이 몇 개인지 세는 것을 좋아한대요. 그래서 아이들은 땅거미가 질 때쯤에 앞마당에 장대를 세우고 맨 위에 체를 걸어 두어요.

밤이 깊어지자 진짜로 야광귀가 내려와요. 하지만 체를 발견하고는 구멍을 세다가 잊어버리고, 다시 세다가 잊어버리고, 결국 새벽닭이 울고 사방이 점점 밝아져요. 빛을 두려워하는 야광귀는 하는 수 없이 맨발인 채로 사라져요.
  이윽고 아침 해가 둥실 떴어요. 체 덕분에 아이들 신발은 무사하네요. 오늘부터는 신발을 섬돌 위에 가지런히 벗어 두고 맘 편히 잘 수 있답니다."

* 운수(運數) : 일이 잘되거나 잘못되게 만드는, 우리가 어쩔 수 없이 받아들여야 하는 힘.
* 체 : 고운 가루를 얻는 데 쓰는 도구.
* 섬돌 : 집에 드나들 때 밟고 올라서는 넓적한 돌.

② 문제에 대한 답, 혹은 설명이나 생각이 틀리지 아니하다.

"인류의 진화과정의 중요한 특징 중 하나는 뇌용량이 빠르게 커졌다는 점이에요. 그래서 사람들은 머리가 큰 사람이 작은 사람보다 뇌용량이 더 클 테니, 그에 따라 더 똑똑하고, 공부도 잘한다고 생각하는 경향이 있죠. 그런데 정말 그 생각이 맞을까요?
  과학자들은 뇌의 크기보다는 대뇌피질의 주름 정도가 중요하다고 말해요. 대뇌피질은 언어이해능력, 학습판단 등 고등 인지능력을 담당하기 때문에 이 부분의 주름이 많을수록 더 똑똑하고, 공부도 잘한다는 것이죠. 따라서 단순히 뇌용량 혹은 머리의 크기만으로 어떤 사람의 지능이나 학습능력을 판단할 수는 없답니다.

* 대뇌피질(**大腦皮質**) : 대뇌의 표면에 해당하는 주름진 층.
* 인지능력(**認知能力**) : 사물을 분별하여 알 수 있는 능력.

③ 맛, 온도, 습도 따위가 적당하다.

"여름철에는 몸에 맞는 실내 기온과 습도를 유지해 주는 것이 특히 중요해요. 그렇게 하지 않을 경우, 우리 몸이 좋지 않은 자극을 받아 건강을 해칠 수도 있어요. 우리 몸은 섭씨 24~26도의 기온, 40~50%의 습도일 때 가장 편안하다고 합니다.

우리나라는 지구온난화의 영향으로 한여름이면 기온이 30도를 훨씬 웃돌고, 습도가 80% 전후인 날이 많아졌어요. 갖가지 지혜를 모아, 기온과 습도를 적당한 수준으로 유지해, 건강을 챙겨야 합니다."

맞다2

· 맞다2

맞+은 → 맞은
맞+았지요 → 맞았지요
맞+으며 → 맞으며

① 시간의 흐름에 따라 다가오는 때를 받아들이다.

 "우리나라에서는 첫돌을 맞은 아이에게 돌잡이를 시켜요. 돌잡이는 상 위에 실타래, 돈, 붓 등을 놓고 어떤 것을 잡는지에 따라 아이의 미래를 점치는 일종의 놀이예요. 실타래를 잡으면 오래 살겠구나, 돈을 잡으면 부자가 되겠구나, 붓을 잡으면 공부를 잘하겠구나, 하며 식구들은 즐거워합니다.
 요즘은 돌잡이 문화가 바뀌어 상 위에 놓는 물건이 달라졌어요. 의사가 되라고 청진기를 놓기도 하고, 가수가 되라고 마이크를 놓기도 해요. 의사와 가수의 지위가 옛날과는 많이 달라졌잖아요."

② 남편, 아내, 며느리, 사위 등을 예의를 갖추어 가족의 일원으로 받아들이다.

"진나라가 중국 천하를 통일한 지 얼마 안 돼 망하자, 초나라의 항우(項羽, 기원전 232-기원전 202)와 한나라의 유방(劉邦, 기원전 256-기원전 195)이 중국의 패권을 차지하려는 전쟁을 벌였어요.

전투에 나서는 유방은 전차를 타고 갔는데, 이 전차에는 좌석이 세 개 있었어요. 앞의 두 자리에는 두 명의 마부가 앉았고, 뒤의 한 자리에는 유방이 앉았지요. 두 마부는 교대로 마차를 몰았습니다.

어느 날 유방은 항우와의 전투에서 크게 패해 겨우 수십 명의 군사들과 함께 도망가는 처지가 됐어요. 항우는 유방을 추격했죠. 이때 유방의 전차를 몰던 마부 한 명이 화살에 맞아 죽자, 남은 한 명이 말을 몰았어요. 그리고 유방을 탈출시키기 위해, 자신의 옷을 벗어 유방의 황포(임금의 옷)와 바꾸어 입었어요.

유방은 길이 구부러진 곳에서 마차에서 뛰어내려 도망쳤고, 마부는 계속 채찍을 휘두르며 말을 몰고 달려 나갔어요. 항우의 군사들은 황포를 입은 마부를 유방으로 오인하고 계속 쫓았지만, 결국 잡지 못했어요.

훗날 유방이 항우를 물리치고, 천하를 차지해 황제가 되었어요. 황제는 자기 목숨을 구해 주었던 마부를 잊지 않았어요. 그래서 수소문하여 그를 찾아내, 부마(駙馬)라는 관직을 주고, 사위로 맞았지요. 이로부터 황제나 왕의 사위를 '부마

(駙馬)'라고 부르게 되었답니다."

* 패권(霸權) : 으뜸의 자리를 차지하여 누리는 권리와 힘.
* 황포(黃袍) : 노란 천으로 만든 황제의 옷.

③ 눈, 비, 바람 따위가 몸에 닿게 하다.

"예전에 초가집이 있던 시절에는, '지붕이기'라는 풍속이 있었어요. 매년 가을걷이를 마치면 알곡을 털어낸 볏짚을 모아 이엉을 엮어서 새로이 지붕을 올리는 일이에요. 일 년 동안 비바람을 맞으며 썩고 훼손된 지붕을 새로 올려 다시 한 해를 지내기 위한 겁니다.
　아침 일찍부터 집안 어른들은 일손이 돼 주려고 온 이웃 사람들과 함께 한나절 동안 이엉을 엮었고, 밤이 되기 전에 지붕을 올렸죠. 걷어 낸 헌 지붕은 썩혀서 봄철 보리농사에 거름으로 사용했답니다."

* 이엉 : 초가집의 지붕이나 담을 이기 위하여 짚 따위로 엮은 물건.
* 훼손(毀損) : 망가져 못 쓰게 됨.

맞다3

· 맞다3

맞+고 → 맞고
맞+은 → 맞은
맞+으면 → 맞으면
맞+아야만 → 맞아야만

① 외부로부터 어떤 힘이 가해져 몸에 해를 입다.

"회초리의 사전적 정의는 '때릴 때에 쓰는 가는 나뭇가지'예요. 회초리가 어떤 때 어떻게 쓰이는 물건인지 알려면 김홍도의 유명한 그림 <서당>을 보는 것이 제일이죠.

내 준 숙제를 안 했는지, 한 아이가 훈장님께 매를 맞고 울고 있어요. 훈장님의 책상 왼편에는 영락없이 회초리가 놓여 있고요. 아이가 대님(바지의 발목 부분을 매는 끈)을 만지고 있는 것을 보면 분명 종아리를 맞은 거예요. 함께 배우는 학동들은 키득키득 웃고 있네요. 그들은 훈장님이 내 준 숙제를 다 했던 모양이죠.

이 그림에서 눈여겨 볼 것은 훈장님의 표정이에요. 회초리로 매를 때리긴 했으나, 우는 아이를 보니 측은하고 미안했던 모양이에요. 훈장님의 얼굴이 슬퍼 보이기까지 합니다. 회초리로 아이를 때리는 것이 훈장님에게도 하기 싫은 일이었나 봐요."

* 학동(學童) : 옛날에 글방에 다니는 아이.
* 측은(惻隱) : 가엾고 불쌍함.

② 침, 주사 따위로 치료를 받다.

"독감은 인플루엔자 바이러스에 의한 질병이에요. 보통 감기보다 증세가 심하죠. 고열, 심한 두통, 오한, 근육통은 견디기 힘들 정도예요. 춥고 건조한 10월부터 5월 사이에 주로 발병해요. 다행인 것은, 감기와 달리 독감은 예방주사를 맞으면 대개는 피해 갈 수 있어요.

독감 예방주사를 맞은 후 보름 정도 지나야 우리 몸에 인플루엔자 바이러스에 대한 면역이 생겨요. 그리고 그로부터 3~6개월 동안 그 면역이 지속되죠. 그래서 9월~10월에 맞아야만 독감 유행 시기 동안 면역력이 유지된답니다."

* 오한(惡寒) : 몸이 춥고 떨리는 증세.
* 발병(發病) : 병이 남.
* 면역(免疫) : 몸속에 병균을 물리치는 물질이 생기는 것.

매달리다

· 매달리다

매달리+어 → 매달려
매달리+다가 → 매달리다가

① 어떤 것을 붙잡고 늘어지다.

"캥거루는 새끼를 보통 1년에 1마리씩 낳아요. 그런데 캥거루 새끼는 성장이 완전히 끝나지 않은 상태에서 태어나요. 그 까닭은 산모와 태아를 직접적으로 이어주는 태반이 없어서 어미 캥거루가 임신 후 불과 30-40일 만에 출산하기 때문이에요.

갓 태어난 캥거루 새끼는 길이가 2.5cm, 무게는 1g에 불과해요. 우리 새끼손가락보다 작고 몽당연필 정도의 무게인 셈이에요. 새끼는 본능적으로 어미의 배에 있는 육아주머니 안으로 기어들어가 그 속에 있는 젖꼭지에 매달려 살아요.

젖을 빨면서 시각과 청각을 갖게 되고, 키도 어느 정도 자라고 나면, 세상이 궁금해 육아주머니 밖을 기웃거리죠. 뛰어

다닐 정도로 성장하는 데는 6~12개월이 걸려요. 비로소 어미의 육아주머니에서 나와 독립하게 되는 것이죠."

* 태반(胎盤) : 아이를 밴 여자의 배 안에서 아기와 자궁을 이어 주는 기관.
* 몽당연필 : 많이 깎아 써서 아주 짧아진 연필.

② 어떤 일에 몸과 마음이 쏠려 있다.

"2004년에 발행된 일본 1,000엔 권 지폐에는 노구치 히데요(1876-1928)의 인물 초상이 새겨져 있어요. 노구치는 가난했고, 화상 때문에 왼손가락이 오그라든 조막손이었지만, 역경을 딛고 세계적인 세균학자가 되었답니다.

펜실베니아 대학에서 세균학을 공부하고, 록펠러 의학연구소의 연구원이 된 노구치는 서아프리카로 건너가 10여 년 동안 전염병 치료와 세균 연구에 매달리다가 황열에 감염돼 사망했어요. 황열은 아프리카와 남아메리카 지역에서 유행하는 급성 바이러스 질환이에요.

노구치의 일대기를 다룬 만화 《닥터 노구치》는 일본에서 베스트셀러가 되었고, 한국어로도 번역·출간돼 청소년층의 큰 호응을 얻었습니다."

* 초상(肖像) : 사람의 얼굴의 모습을 나타낸 그림이나 사진.
* 화상(火傷) : 불이나 뜨거운 열에 데어서 상하는 것.
* 역경(逆境) : 일이 뜻대로 되지 않는 불행한 환경이나 처지.

맺다

・맺다

맺+으면 → 맺으면
맺+는 → 맺는
맺+고 → 맺고

① 관계나 인연 따위를 이루거나 만들다.

"짝을 잃은 한 마리의 기러기를 외기러기라고 해요. 외참새, 외까치, 외갈매기……, 이런 단어들은 없어요. 오직 외기러기만 있어요. 기러기만이 한번 부부의 인연을 맺으면 새 짝을 찾지 않기 때문이에요.

이렇듯 절개가 있는 새이어서 그런지, 우리의 전통 혼인 절차에 새신랑이 산 기러기를 신부 집에 가져가 바치고 절을 올리는 의식이 있어요. 그런데 기러기가 철새이다 보니 봄, 여름에는 잡을 수 없어 혼례 때에 맞춰 미리 잡아 새장 속에서 기르기까지 하였다고 해요. 이 일이 번거로워서인지 점차 산 기러기 대신 나무로 깎아 만든 기러기를 가지고 의식을 치르게 되었답니다."

* 절개(節槪) : 신념, 신의 따위를 굽히지 아니하고 굳게 지키는 꿋꿋한 태도.
* 의식(儀式) : 일정한 격식을 갖춰 치르는 행사.

② **열매나 꽃망울 따위가 생기다.**

"식물이 꽃을 피워 열매를 맺는 것은 씨앗을 남겨서 대를 잇기 위해서예요. 그런데 남긴 씨앗이 대를 이어 잘 자라기 위해서는 되도록 여기 저기 멀리 흩어지는 것이 유리해요. 씨앗이 좁은 지역에 집중적으로 떨어져 자라게 되면 땅속 양분이 부족해 잘 자라지 못할 수도 있고, 그 좁은 지역의 환경이 파괴되면 모두 죽어 버릴 수도 있기 때문이에요.
 그렇다면 어떻게 하면 씨앗이 멀리 흩어지게 될까요? 여러 가지 방법 중 하나는 사람이나 동물들을 이용하는 전략이에요. 이 전략이 성공하려면 씨앗이 들어 있는 열매가 맛있어야 해요. 그래야 사람이나 동물들이 많이 먹죠. 그리고 여기 저기 멀리 흩어져 똥을 싸면, 그때 뱃속에 남아 있던 씨앗이 밖으로 나와 자라게 되는 거예요.
 이제 우리는 알 수 있어요. 식물이 사람이나 동물들의 입맛을 배려해서 맛있는 열매를 맺는 것이 아니에요. 식물은 오직 대를 잇기 위해 사람이나 동물들의 입맛을 이용하는 겁니다."

* 전략(戰略) : 싸움이나 경쟁에서 이기거나, 어떤 일을 잘하려고

세우는 계획.
* 배려(配慮) : 도와주거나 보살펴 주려고 마음을 쓰는 것.

③ 하던 일을 끝내다.

　"《플랜더스의 개》는 비록 짧은 생이었지만, 서로 갈라놓을 수 없는 두 영혼, 넬로와 파트라슈의 죽음으로 끝을 맺고 있어요. '넬로와 파트라슈가 살았던 작은 마을의 사람들은 잘못을 뉘우쳤습니다. 부끄럽고 미안한 마음에 넬로와 파트라슈에게 평온한 은총이 내리기를 기원했어요. 그리고 하나의 무덤을 만들어 서로 나란히 쉴 수 있게 해 주었지요. 영원히…….' 이렇게 해서 넬로와 파트라슈는 함께 누렸던 삶 동안 그리고 죽은 후에도 서로 헤어지지 않았어요."

* 은총(恩寵) : 높은 사람에게서 받는 특별한 은혜와 사랑.
* 기원(祈願) : 바라는 일이 이루어지기를 비는 것.

무너지다

· **무너지다**

무너지+ㄴ → 무너진
무너지+어서는 → 무너져서는
무너지+었어요 → 무너졌어요

① 쌓여 있거나 서 있는 것이 허물어져 내려앉다.

"왕이 되기 전 어느 날 이른 새벽에, 이성계는 꿈에서 깼어요. 꿈이 생생하게 기억났어요. 무너진 집에 들어가 서까래 세 개를 지고 나오는 꿈이었어요. 무학대사가 풀이를 해 주었어요. 왕이 될 운명이니 조용히 때를 기다리라고 말이에요. 결국 이성계는 조선을 건국하고 초대 왕이 되었어요. 꿈이 현실이 된 셈이에요."

* 생생하다 : 마치 눈앞에 보이는 것처럼 또렷하고 분명하다.
* 서까래 : 한옥에서 지붕의 비탈진 면을 받치는 긴 나무.

② 질서, 기강, 체제 따위가 파괴되다.

"촉나라 제갈량이 위나라를 공격할 무렵의 일이에요. 제갈량은 위나라를 물리칠 작전이 있었으나 꼭 한 곳이 불안했는데, 그곳은 바로 촉군 식량을 옮기는 가정 지역이었어요. 이곳을 위의 군에게 빼앗긴다면 촉의 군은 독안에 든 쥐 꼴이 되는 것이었어요.

제갈량은 어느 장수에게 가정 지역을 방어하게 할지 고민했어요. 이에 제갈량의 친구이자 참모인 마량의 아우 마속이 목숨을 걸고 자원했어요. 결국 제갈량은 마속에게 전략을 내립니다.

그러나 마속은 제갈량의 명령을 어기고 다른 전략으로 싸우다가 패하고 말아요. 결국 제갈량은 눈물을 흘리며 패장으로 돌아온 마속의 목을 베었어요. 군 기강이 무너져서는 안 되었기 때문이에요. '읍참마속(泣斬馬謖, 울면서 마속의 목을 베다)'이라는 고사가 이 일로 인해 생겼답니다."

* 자원(**自願**) : 어떤 일을 스스로 원해서 나서는 것.
* 기강(**紀綱**) : 바로 세워야 할 바른 마음가짐과 질서.

③ 운동경기 따위에서 지다.

"29일 미국 콜로라도 주 덴버의 쿠어스 필드에서 콜로라도 로키스와 경기를 펼친 류현진은 5회말 5타자 연속 안타(2홈런 포함)를 맞으며 무너졌어요.

'투수들의 무덤'이라고 불리는 쿠어스 필드는 해발 1600m 고지대로 공에 대한 공기 저항이 줄어들어 평지에 위치한 구장에 비해 타구가 10% 정도 멀리 나간다고 해요.

이런 악조건에서도 이번 시즌 맹활약을 이어나갈 수 있을지 주목을 받았지만, 류현진은 4이닝 동안 홈런 세 방을 포함해 9개의 안타를 허용하며 7실점했어요. 7실점은 류현진의 올 시즌 최다 실점이랍니다."

밀다

· **밀다**

밀+ㄹ → 밀
밀+는 → 미는
밀+어 → 밀어
밀+어야 → 밀어야

① **움직이도록 힘을 주다.**

"우리 조상은 아이를 가질 수 있도록 해 주고, 무사히 낳게 해 주며, 건강하게 자라게 해 주는 세 여신이 있다고 믿었어요. 그 세 여신이 할머니의 모습을 하고 있다고 생각해 삼신할머니라고 불렀죠.

갓 태어난 아이의 엉덩이에는 퍼런 얼룩점이 있어요. 우리 조상은 이를 삼신반점(혹은 몽고반점)이라고 했어요. 삼신할머니가 어서 엄마 뱃속에서 세상으로 나가라고 태아의 엉덩이를 밀 때 생긴 멍이라고 믿었기 때문이죠.

산모나 산모의 가족들은 아이를 돌보며 수없이 삼신반점

을 보았을 거예요. 그리고 삼신할머니께 감사의 마음을 가졌을 거고요. 그래서 태어난 날에는 물론이고, 백일, 첫돌 등 중요한 날이 돌아올 때마다 정성껏 상을 차려 삼신할머니께 바쳤어요."

② 피부에 묻은 지저분한 것을 문질러 벗겨 내다.

"우리가 목욕탕에서 미는 때 중 대부분은 피부를 보호하는 각질이에요. 그래서 박박 밀어 버리면 병균이 피부를 통해 몸 안으로 쉽게 들어오게 되죠. 또 때는 몸에 필요한 수분이 몸 밖으로 빠져 나가는 것을 막아 줘요. 만약 때가 없다면 피부는 건조해지고 거칠어지죠. 따라서 때를 미는 목욕법은 피부 건강에 좋지 않아요. 목욕을 한 뒤에 속때가 좀 있어야 피부가 좋아한답니다.

몸에 더러운 성분이 묻어 있는 것 같다면, 샤워하는 정도로 끝내는 것이 좋아요. 그런 성분은 부드러운 수건에 비누칠을 해 슬슬 문지르기만 해도 깨끗하게 씻기거든요. 목욕탕 욕조에서 오랜 시간 불린 때를 까칠까칠한 때타월로 모질게 밀어야 시원하다고 누군가가 말하면, 꼭 얘기해 주세요. 때는, 특히 하얀 속때는 우리 몸에 꼭 필요한 것이라고요."

* 각질(**角質**) : 동물의 표피 부분을 이루는 단백질의 하나.
* 욕조(**浴槽**) : 목욕물을 담는 용기.

받다

· 받다

받+았어요 → 받았어요
받+았답니다 → 받았답니다
받+아요 → 받아요

① 다른 사람이 주거나 보내오는 물건 따위를 가지다.

"수진이는 아빠로부터 존 윈치라는 작가의 그림책 《책 읽기 좋아하는 할머니》를 생일 선물로 받았어요. 받자마자 다 읽어 버렸죠. 너무나 재미있고 아름다운 그림책이었어요.
　그런데 책의 마지막 장에는 10권의 책 목록이 적힌 쪽지가 그려져 있었어요. 할머니가 겨울 동안 읽으려고 적어 놓은 쪽지였죠. 수진이는 그림책의 주인공인 자상한 할머니와 함께 그 10권의 책을 한 권씩 한 권씩 읽고 싶어졌어요.
　책이 일부러 혹은 우연히 다른 책을 소개해 주는 경우가 있어요. 독자가 그 책도 읽어 주기를 바라는 작가의 마음이 그렇게 하는지도 모르죠. 즐겁게 읽은 책의 작가가 정성껏 소개하는 책이 있다면, 그 책을 읽는 것도 좋은 독서법 같아요.

② 상이나 훈장을 타다.

"유형이 다른 두 혈액을 섞으면, 적혈구끼리 서로 엉겨서 크고 작은 덩어리가 생겨요. 이것을 응집 반응이라고 해요. 예를 들어 A형 혈액을 가진 환자에게 B형 혈액을 수혈하면, 혈액이 엉겨 붙어 환자는 사망하게 되죠. 그래서 예전 의사들은 수혈이 필요한 수술을 할 때면 걱정이 많았어요.

하지만 20세기에 들어서면서 상황이 달라졌어요. 오스트리아의 의학자 란트슈타이너(1868-1943)는 응집 반응에 관한 실험을 반복한 끝에, 사람의 혈액형을 A형·B형·O형·AB형, 이렇게 네 가지로 분류했어요. 이후 혈액형에 맞게 수혈을 하면서부터 수술 중 사망하는 환자가 많이 줄어들었어요.

란트슈타이너는 ABO식 혈액형 체계를 세운 공로를 인정받아, 1930년 노벨 생리·의학상을 받았답니다."

* 응집(凝集) : 엉겨 뭉침.
* 반응(反應) : 자극에 의해 어떤 일이 일어나다.
* 공로(功勞) : 애를 많이 써 이룬 훌륭한 일.

③ 명령이나 부탁, 초청 따위를 접하여 알게 되다.

"철학자로서 명성을 떨친 데카르트는 1649년, 스웨덴의 크리스티나 여왕의 초청을 받았어요. 여왕은 당대 최고의 철학자에게 철학을 배우고 싶었나 봐요. 어머니로부터 상속받은 재산 덕분에 평생 생계 걱정 없이 안락한 삶을 살았던 데카르트는 기꺼이 여왕의 개인교사가 되었어요.

하지만 스웨덴의 겨울은 몸이 약한 데카르트에게는 너무도 추웠어요. 더군다나 여왕과의 수업시간이 오전 일찍부터 시작되었기 때문에, 평생 늦잠이 몸에 밴 데카르트는 수면부족에 시달렸지요. 결국 스웨덴에 온 지 다섯 달도 안 돼 걸린 심한 감기가 폐렴으로 번지면서, 1650년 2월 11일, 데카르트는 쉰세 살의 나이로 세상을 떠났답니다."

* 명성(**名聲**) : 세상에 널리 떨친 이름.
* 초청(**招請**) : 사람을 청하여 부름.
* 당대(**當代**) : 그 시대.
* 상속(**相續**) : 재산을 물려주거나 물려받음.
* 생계(**生計**) : 살아가는 일이나 방법.
* 안락(**安樂**) : 몸과 마음이 편안하고 즐거움.

④ 얻어내거나 매김을 당하다.

"김홍도는 서민들의 생활상을 익살과 해학, 풍자를 섞어 그림에 담아낸 풍속화 화가라는 평가를 받아요. 그의 풍속화들이 워낙 빛나는 작품이다 보니 그렇겠죠.

하지만 김홍도는 산수화, 신선도, 화조화, 불화도 잘 그렸어요.

또한 김홍도는 도화서(**圖畫署**), 그러니까 그림과 관련된

나랏일을 맡아 보던 관청에 속한 화가로서 영조와 정조의 초상화도 그렸어요. 그리고 나라에서 큰일을 치를 때 그 일의 처음부터 끝까지의 경과를 자세하게 그려 책으로 만들기도 했지요.

정조가 '그림에 관한 일은 모두 김홍도에게 맡겨라' 하고 말했을 정도로, 김홍도는 그림에 관해서는 거의 모든 분야에서 독창적인 작품 세계를 이루었던 겁니다."

* 익살 : 남을 웃기려고 하는 말이나 몸짓.
* 해학(諧謔) : 익살스럽고 우스꽝스러운 말이나 행동.
* 풍자(諷刺) : 사회나 사람의 잘못을 다른 것에 빗대어 비웃거나 꾸짖는 것.
* 풍속화(風俗畵) : 그 시대의 세태와 풍습을 그린 그림.
* 산수화(山水畵) : 산과 물이 어우러진 자연의 아름다움을 그린 그림.
* 신선도(神仙圖) : 신선이 노니는 모습을 그린 그림.
* 화조화(花鳥畵) : 꽃과 새를 그린 그림.
* 불화(佛畵) : 불교의 내용을 그린 그림.
* 독창적(獨創的) : 다른 것을 모방하지 않고 새로운 것을 처음으로 만들어 내거나 생각해 내는 것.

밟다

· 밟다

밟+아서 → 밟아서
밟+아 → 밟아
밟+는 → 밟는
밟+을 → 밟을

① 발을 어떤 것 위에 올려 누르거나 디디다.

"스위스의 슈탄스 거리. 프랑스와의 전쟁으로 많은 고아들이 생긴 곳이에요. 한 노인이 그 거리를 걷고 있었어요. 주위를 두리번거리다가 때때로 땅에서 무엇인가를 주워 주머니에 넣었어요. 순찰하고 있던 경관이 수상히 여겨 주머니를 뒤졌어요. 유리조각들이었어요. 노인이 사연을 이야기해 주었어요.

'저는 이곳에서 고아원을 운영하는 사람입니다. 주변을 한번 보세요. 신발이 없는 아이들이 대부분입니다. 아이들이 놀다가 유리조각을 밟아서 다치면 안 되잖아요.' 경관은 노인에게 경의를 표하며 예의 없이 행동한 것에 대해 용서를 빌었어요. 고아들의 안전을 위해, 허리를 굽혀 날카로운 유리 조각을 줍고 다닌 이 노인은 바로 요한 하인리히 페스탈로치(1746-1827)였어요."

* 두리번거리다 : 눈을 크게 뜨고 여기저기를 자꾸 휘둘러 살펴보다.
* 경의(敬意) : 존경하는 뜻.
* 표(表)하다 : 태도나 의견 따위를 나타내다.

② 어떤 일을 위하여 순서나 절차를 거쳐 나가다.

"과학사는, 첫째 중요한 과학자들의 흥미로운 생애를 소개하고, 둘째 아리스토텔레스에서부터 근현대까지 과학이 어떤 단계를 밟아 발전해 왔는지를 체계적으로 보여주는 학문이에요. 특히 과학사에 대해 처음 배우는 학생들을 위해서는 둘째도 중요하지만 첫째도 그에 못지않게 중요해요. 그 이유는 둘째보다는 첫째가 어린 학생들의 호기심을 자극하면서 친근하게 다가올 수 있으니까요."

* 과학사(科學史) : 과학의 변천과 발달에 관한 역사.
* 자극(刺戟) : 마음이나 몸에 영향을 미치는 것.

③ 도착하다.

"태평양전쟁에서 일본이 패망하자 김구는 임시정부 요인

들과 함께 상하이로 갔어요. 그곳에서 1945년 11월 23일, 비행기를 타고 고국에 도착했지요. 비행기로 단 3시간밖에 안 걸리는 고국 땅을 밟는 데 27년이라는 세월이 걸렸어요.

44살에 고국을 떠난 김구는 이제는 일흔 살 노인이 되었어요. 그 오랜 세월 동안 꿈에도 그리던 고국 땅을 밟을 때 김구의 심정은 마냥 기쁘지만은 않았어요. '광복군을 이끌고 일본군을 몰아내면서 고국으로 돌아왔어야 하는 건데……' 하는 아쉬움이 남아 있었답니다."

* 김구(金九) : 동학 농민 운동을 지휘했고, 1928년, 이시영 등과 함께 한국 독립당을 조직하여 이봉창, 윤봉길 등의 의거를 지휘하였다. 1944년, 임시 정부의 주석으로 선임되었고, 8·15 광복 이후에는 남한 단독 총선을 반대하며 남북 협상을 제창하였다. 1949년, 안두희에게 암살당했다.
* 요인(要人) : 중요한 자리에 있는 사람.
* 광복군(光復軍) : 일제 강점기에 우리나라의 독립을 위해 중국에서 일본에 맞서 싸우던 군대.

배우다

· 배우다

배우+ㄴ → 배운
배우+면서 → 배우면서
배우+었다 → 배웠다

① 새로운 지식을 얻다.

"중국의 옛 책 《예기(禮記)》「학기(學記)」편에는 이런 대목이 있어요.
'사람이 배운 뒤에야 자신이 부족하다는 점을 알 수 있으며, 가르쳐 본 다음에야 비로소 어려움을 알 수 있다. 자신의 부족함을 안 다음에야 스스로 반성하게 되고, 어려움을 안 다음에야 스스로 강해질 수 있다. 그러므로 가르치고 배우면서 함께 성장하는 것이다(시고학연후지부족·**是故學然後知不足**, 교연후지곤·**敎然後知困**. 지부족연후능자반야·**知不足然後能自反也**, 지곤연후능자강야·**知困然後能自强也**. 고왈교학상장야·**故曰敎學相長也**).'

'교학상장(**教學相長**, 스승과 제자는 가르치고 배우면서 함께 성장한다.)'이라는 고사성어는 이 대목의 마지막 구절이에요."

② 경험하여 알게 되다.

"로버트 풀검(1937-)이라는 미국의 인기 작가는 《내가 정말 알아야 할 모든 것은 유치원에서 다 배웠다》라는 책에서 자신이 유치원에서 배운 17가지 목록을 나열해 놓았어요. 읽어 보니, 정말 평생을 살면서 알아야 할 것들을 유치원에서 다 배운 것 같더라고요.

그런데 여러분, 혹시 워즈워스(1770-1850)라는 시인을 알아요? 평범한 자연과 일상에서 인생의 아름다움을 발견한, 영국인이 가장 사랑하는 시인이에요. 워즈워스의 시「무지개」를 소개합니다.

'하늘의 무지개를 볼 때마다 / 내 가슴 설레느니, / 나 어린 시절에 그러했고 / 다 자란 오늘에도 매한가지, / 쉰 예순에도 그렇지 못하다면 / 차라리 죽음이 나으리라. / 어린이는 어른의 아버지. / 바라노니 나의 하루하루가 / 자연의 믿음에 매어지고자.'(워즈워스의「무지개」전문)

워즈워스는 17가지가 아니라 단 한 가지만을 들었네요. '하늘의 무지개를 보면서 설레는 가슴을 영원히 간직하라.' 역시 시인은 많은 말을 하지 않아요."

버리다

· **버리다**

버리+는 → 버리는
버리+ㄴ → 버린
버리+지 → 버리지
버리+었어요 → 버렸어요

① 더 이상 가지고 있을 필요가 없는 것을 내던지다.

"반려동물을 때리거나 잔인하게 죽인 후 함부로 버리는 일이 단순히 동물 한 마리를 버린 문제일까요?
　많은 학자들은 그렇지 않다고 해요. 지금 세계 곳곳에서 일어나고 있는 동물학대는 인간 사회에도 아주 나쁜 영향을 미쳐요. 즉 힘없는 사람, 힘없는 국가의 국민을 함부로 대하게 만들어요. 자기와 다른 색깔의 피부를 가지고 있는 사람, 자기와 다른 생각을 가지고 있는 사람을 증오하게 만들기도 해요.
　범죄자들의 성장과정을 조사해 정리한 자료에 의하면, 대부분의 살인범들은 어릴 적 동물을 죽이거나 고문한 적이 있다고 해요. 동물에게 잔인한 사람은 사람한테도 역시 잔인한 겁니다."

* 잔인(殘忍) : 인정이 없고 모진 것.
* 증오(憎惡) : 몹시 미워하는 것. 혹은 그런 마음.
* 고문(拷問) : 남을 몹시 아프게 하거나 괴롭히는 것.

② 생각이나 꿈을 떨쳐 없애다.

 "남아메리카의 중심부에는 볼리비아라는 나라가 있어요. 동서남북 모두 다른 나라로 둘러싸여 있는데, 브라질, 파라과이, 칠레, 아르헨티나, 페루 등이 주변국이죠. 그런데 내륙국인 볼리비아에는 매우 강한 해군이 있어요. 이상하죠?
 한때 볼리비아 국토는 태평양 연안까지 이르렀어요. 그런데 1883년 칠레와의 전쟁에서 패한 후로 12만㎢의 영토와 400㎞에 이르는 태평양 연안을 모두 빼앗기면서 내륙국이 되었어요. 볼리비아는 바로 이 날에 바다를 넘겨준 치욕을 잊지 말자는 의미로 매년 3월 23일을 '바다의 날'로 지정하여 지키고 있죠.
 볼리비아는 173척의 함정과 4,800여 명의 해군 병력을 보유하고 있어요. 지금도 페루와의 경계이자 세계에서 가장 높은 호수인 티티카카 호(해발 3,812m)에서 군사훈련을 실시하는 등 태평양 진출의 꿈을 버리지 않고 있어요."

* 내륙국(內陸國) : 전 국토가 바다에 접하지 아니하고 육지에 둘러싸여 있는 나라. 스위스, 오스트리아, 헝가리, 볼리비아, 몽골 따위의 나라가 있다.
* 치욕(恥辱) : 수치와 모욕.

③ 가정이나 고향 또는 조국 따위를 떠나 스스로 관계를 끊다.

"이완용은 1882년(고종 19년), 과거에 급제해 관직을 얻었어요. 1886년, 나라에서 세운 근대교육기관이었던 '육영 공원'에서 영어와 서양학문을 배운 덕분에 미국과 수교할 때 큰 역할을 하기도 했지요. 그 후 1895년 일본이 명성황후를 시해하자, 고종을 도와 러시아 편에 서서 조국을 지키기 위해 나름대로 노력했답니다.

그런데 러일전쟁이 일본 쪽으로 기울자, 이완용은 고종의 명을 받들어 미국에 도움을 요청했어요. 하지만 그때는 이미 미국과 일본이 외교적으로 동맹 관계가 돼 있었죠. 이완용은 좌절했어요. 이제 조국을 지키기 위해 도움을 받을 수 있는 외교적 동지가 지구상에는 없었어요.

이완용은 1901년 무렵, 친일파로 돌아서면서 조국을 버렸어요. 1905년, 학부대신으로 있던 중, 우리나라의 외교권을 박탈하는 을사늑약에 찬성해 을사 5적 중 한 명이 되었던 거예요. 이후 그는 철저한 친일파로 살았고, 1926년 죽을 때까지 부귀영화를 누렸답니다."

* 수교(**修交**) : 나라와 나라 사이에 외교 관계를 맺는 것.
* 시해(**弑害**) : 부모나 임금, 혹은 왕비를 죽이는 것.
* 학부대신(**學部大臣**) : 대한 제국 때에, 학부에 속한 으뜸 관직.
* 박탈(**剝奪**) : 강제로 빼앗는 것.

보다

· 보다

보+는 → 보는
보+ㄴ다 → 본다
보+면 → 보면

① 눈으로 사물의 색깔이나 모양 등을 알다.

"창의적인 사람이 되려면 새로운 것을 찾아다니는 것보다 '새로운 눈'으로 보는 것이 중요해요.
 어떤 대상을 본다는 것은 무엇일까요? 인체과학에서는 이렇게 설명해요. '눈동자로 들어온 대상의 빛이 망막에 맺힌 것을 시각 세포가 시신경에 전달하면, 최종적으로 뇌에서 그 대상에 대한 정보들을 이해하는 것입니다.'
 그런데 같은 대상이라도 얼마나 많은 호기심을 가지고 있느냐에 따라서 뇌는 다르게 이해할 수 있어요. '새로운 눈'은 '호기심에 찬 눈'이겠죠?

② 생각하거나 평가하다.

"심장에서 뿜어내는 피는 우리 몸 구석구석을 돌아다녀요. 그중 가장 중요한 구석 중 하나는 신장(콩팥)이에요. 하루 동안 신장을 지나는 피의 양은 무려 1톤이 넘어요. 이는 심장이 뿜어내는 피의 20% 정도랍니다. 이 많은 피는 온 몸을 돌아다니다가 신장을 지나면서 찌꺼기를 버려요. 한마디로 말해서 신장은 강물을 모아 깨끗하게 만드는 정수장 같은 일을 한다고 보면 돼요."

* 정수장(淨水場) : 강물이나 지하수 따위의 물을 먹거나 쓸 수 있도록 깨끗하게 걸러내는 시설을 갖춘 곳.

③ 어떤 결과를 얻다.

"중국 전국시대 때의 일이에요. 연나라는 서쪽으로는 조나라와, 남쪽으로는 제나라와 이웃해 있었어요. 어느 해 조나라가 연나라를 치려 하자, 이치에 닿는 말을 잘하는 소대(蘇代)라는 사람이 연나라 왕의 부탁을 받고 조나라의 왕을 찾아가 말했어요.
 '어느 강가에서 민물조개가 입을 벌리고 햇볕을 쪼이고 있었습니다. 황새가 조갯살을 쪼아 먹으려 하자 조개가 입을 오므려 황새의 주둥이를 물어 버렸습니다. 황새가 말했습니다. 「계속 이러고 있으면 너는 말라죽을 것이다.」 조개 역시 황새에게 말했습니다. 「너도 역시 굶어죽지 않겠어?」 둘이 서

로를 놔주려 하지 않자, 마침 지나가던 어부가 그 둘을 한꺼번에 잡아 버렸습니다.'

조나라 왕은 소대가 왜 이런 얘기를 하는지 이해했어요. 조개는 연나라, 황새는 조나라, 조개와 황새가 싸우고 있는 틈에 이익을 보는 어부는 제나라라는 걸 말이에요. 그래서 조나라 왕은 연나라를 공격하려던 계획을 그만두었답니다.

어부지리(漁父之利, 양쪽이 싸우는데, 엉뚱한 제3자가 이익을 챙기다)는 이 이야기에서 유래한 고사성어입니다."

부딪치다

· 부딪치다

부딪치+는 → 부딪치는
부딪치+었어요 → 부딪쳤어요

① 둘 이상의 사람이나 사물이 매우 세차게 가 닿다.

"《탈무드》에 전하는 이야기예요. 어떤 맹인이 등불을 들고 캄캄한 밤길을 걷고 있었어요. 곁에서 걷고 있던 한 사람이 맹인에게 물었죠. '당신은 앞도 못 보는데, 등불은 왜 들고 걷는 것이오?' 맹인이 대답했어요. '등불을 들어 내가 걷고 있음을 알려줘야 다른 사람들이 나와 부딪치는 일이 없답니다.' 물어본 사람이 맹인의 지혜에 고개를 끄덕였답니다."

② 계획이나 꿈, 일 따위가 어떤 어려움이나 장애에 마주 대하게 되다.

부여의 금와왕은 사냥을 하다가 한 여인을 만나요. 물의 신인 하백의 딸 유화죠. 유화는 하늘 신의 아들 해모수와 몰래 결혼했다가 임신한 채 쫓겨났지요. 금와왕은 유화를 궁에 데리고 왔는데, 얼마 뒤 알을 낳았어요. 신하들은 불길한 일이라며 그 알을 내다 버리고, 깨부수려고도 했지만, 동물들과 새들이 보호해 주었어요. 훗날 그 알 속에서 태어난 사내아이가 주몽이에요.

금와왕의 일곱 왕자는 뛰어난 능력을 가진 주몽을 시기해 죽이려 했어요. 주몽은 자신을 따르는 무리를 이끌고 남쪽으로 도망쳤는데, 일곱 왕자의 추격병들이 쫓아왔어요. 그런데 주몽이 도망치는 길을 강이 가로막고 있었어요. 그러자 물속에서 물고기와 자라가 올라와 다리를 만들어 주어 주몽은 무사히 도망쳐 졸본 지역에 고구려를 세울 수 있었어요.

건국신화의 주인공이 대부분 그렇듯 주몽도 두 차례의 어려움에 부딪쳤어요. 첫째는 주몽을 싸고 있던 알이 위기를 맞았던 것이고, 둘째는 금와왕의 일곱 왕자가 주몽을 죽이려고 했던 거예요. 주몽은 이 두 가지 어려움을 모두 잘 극복하고 우리 역사상 가장 강한 나라였던 고구려를 건국합니다.

* 불길(不吉)하다 : 운수 따위가 나쁘거나, 일이 예사롭지 않다.
* 시기(猜忌) : 샘을 내서 미워하다.

부르다

· **부르다**

부르+었던 → 불렀던
부르+고 → 부르고
부르+ㅂ니다 → 부릅니다

① **무엇이라고 가리켜 말하거나 이름을 붙이다.**

"여우비는 햇볕이 좋은 날에 잠깐 내리는 비예요. 여우라는 동물은 행동이 민첩해서 금방 눈앞에 나타났다가 눈 깜짝할 사이에 사라져버려요. 그래서 예상치 않게 나타났다가 사라지는 비를 '여우비'라고 **불렀던** 것 같아요.

옛 이야기에서는 여우를 사랑한 구름이, 여우가 호랑이에게 시집가 버리자 너무 슬퍼 우는 것이라 했어요. 그래서 여우비가 내리면 사람들은 이렇게 말했죠. '호랑이 장가가는 날이구만.'

물론 옛 이야기와 사실은 좀 달라요. 맑은 날 잠깐 비가 내리는 진짜 이유는 높은 하늘에서 강한 바람이 몰아치기 때문이에요. 먼 지역에 있는 비구름이 만든 빗방울이 강한 바람으로 인해 구름이 끼지 않은 맑은 지역까지 날아와 비로 내리는 것이죠."

② 어떤 상황이 벌어지게 하다.

"고대 그리스의 철학자 소크라테스(기원전 470-399)는 아테네의 제법 잘사는 가정에서 태어났어요. 덕분에 여러 가지 교육을 충분히 받을 수 있었고, 경제적 어려움 없이 제자들을 가르치며 살 수 있었어요.

소크라테스가 살았던 시대는 전반적으로 아테네 민주주의가 부패하던 시기였어요. 당연히 정치뿐 아니라 윤리도 타락했지요. 소크라테스는 이를 '무지' 때문에 일어나는 것이라고 판단했어요. 그래서 그는 아테네 청년들에게 '무지'를 깨닫고 참된 지혜로 나아가라고 가르쳤어요. 청년들은 정의·절제·용기·경건 등을 가르치는 자신들의 스승을 존경했어요.

소크라테스의 생각대로라면, 아테네에서 가장 무지한 사람들은 아테네의 권력을 쥐고 있던 정치지도자들이었어요. 그러니 권력자들의 눈에는 소크라테스가 곱게 보일 리 없었죠.

소크라테스의 언행은 결국 화를 부르고 말았어요. 여든 살이 되던 해, 아테네의 권력자들은 소크라테스가 청년을 부패하게 했고, 나라에서 인정하는 신을 섬기지 않고 다른 신을 믿었다는 이유로 사형을 선고했어요. 소크라테스는 친구들과 제자들이 보는 앞에서 평소와 다름없이 의연하게 독배를 들이켰답니다."

* 부패(腐敗) : 정치나 사회가 나쁜 길에 빠지는 것.
* 타락(墮落) : 올바른 길에서 벗어나 몹시 나쁜 길로 빠지는 것.
* 무지(無知) : 아는 것이 없음.
* 독배(毒杯) : 독약이 든 그릇.

③ 노래를 하다.

 "<고향의 봄>은 이원수 작사, 홍난파 작곡의 우리나라 대표 동요 중 하나예요. 일제 강점기인 1927-1929년경에 만들어졌다고 해요. 이 노래 가사는 2절로 돼 있는데, 1절은 다음과 같아요. '나의 살던 고향은 꽃 피는 산골 / 복숭아꽃 살구꽃 아기 진달래 / 울긋불긋 꽃 대궐 차린 동네 / 그 속에서 놀던 때가 그립습니다.' 4분의 4박자로 된 내림나장조의 곡이며, 보통빠르기로 부릅니다."

빠지다1

· 빠지다1

빠지+면 → 빠지면
빠지+어 → 빠져

① 떨어져 들어가거나 잠기게 되다.

"네펜데스(벌레잡이통풀)는 잎 끝에 주머니처럼 생긴 포충낭(捕蟲囊 : 벌레 잡는 주머니)이 달려 있어요. 날아다니던 벌레가 그 속으로 빠지면, 그 벌레를 분해하고 필요한 영양분을 섭취하죠. 네펜데스의 꽃말이 '끈기'라고 해요. 벌레가 주머니 안으로 빠져 들어올 때까지 끈기를 갖고 기다리는 풀입니다.
  네펜데스를 포함해서 벌레를 잡아먹는 식물의 자생지는 산성토양 또는 산성을 띠는 습지예요. 이런 곳에서는 식물이 성장하는 데 필요한 질소화합물을 뿌리를 통해 흡수할 수 없다고 해요. 그래서 벌레를 잡아먹는 거죠. 벌레에는 질소화합물이 많아요.
  네펜데스는 세계적으로 약 70종이 있는데, 주로 열대지방에서 절벽이나 나무를 타고 오르며 살아요. 벌레를 잡아먹는 무시무시한 풀이라 사람들이 싫어할 것 같지만, 네펜데스를 좋아하는 사람들끼리 만든 동호회나 카페가 우리나라에 아주 많답니다.

* 자생지(**自生地**) : 식물이 저절로 나서 자라는 땅.
* 습지(**濕地**) : 습기가 많은 축축한 땅.

② 무엇에 정신이 쏠리어 헤어나지 못하다.

"18세기 중반 영국의 백작 존 몬테규 샌드위치는 카드놀이에 빠져 있었어요. 그는 밥 먹는 시간도 아까워 빵 속에 고기와 야채를 버무려 끼워 넣은 음식을 한 손으로 먹고, 나머지 한 손으로는 카드놀이를 했어요. 영국이 낳은 세계적인 음식 중 하나가 이렇게 탄생했어요. 사람들은 이 기발한 음식의 이름을 그 백작의 이름을 따서 '샌드위치'라고 지었어요."

빠지다2

- **빠지다2**

빠지+고 → 빠지고
빠지+어요 → 빠져요
빠지+어 → 빠져
빠지+었다고 → 빠졌다고

① 박힌 물건이 제자리에서 나오다.

 "사람의 치아는 '치아 교환기'(만 6세에서 만 12세) 이전에 한 번, 이후에 한 번, 이렇게 두 번 나요. 첫 번째 치아를 유치, 두 번째 치아를 영구치라고 하죠. 유치의 경우 생후 6-8개월 경부터 약 2년에 걸쳐 총 20개의 치아가 완성되어요.
 치아 교환기는 유치가 빠지고 영구치가 나는 시기예요. 이때 20개의 유치는 모두 빠져요. 영구치의 개수는 왼쪽 위턱, 오른쪽 위턱, 오른쪽 아래턱, 왼쪽 아래턱에 각각 8개씩 총 32개랍니다."

② 들어 있어야 할 곳에 들어 있지 아니하다.

"수진이가 쓴 '보호색'에 관한 설명문은 매우 친절하고 꼼꼼한 글이에요. 많이 조사하고 노력한 것 같아요. 특히 카멜레온이 자신의 몸을 주위 사물과 같은 색으로 바꾼 예를 사진들과 함께 잘 설명해 주었어요. 하지만 조금 아쉬운 점이 하나 보이네요. 카멜레온이 어떻게 자신의 몸 색깔을 바꿀 수 있는지, 그 방법에 대한 설명이 빠져 있어요. 다음 주에 마무리해서 제출할 때는 그 점을 보완했으면 좋겠어요."

* 제출(提出) : 과제 따위를 내는 것.
* 보완(補完) : 모자라는 것을 보충하는 것.

③ 때, 빛깔 따위가 씻기거나 없어지다.

"비누가 없었던 옛날에는 무엇으로 빨래를 했을까요? 우리의 옛 어머니들은 '잿물'을 사용했어요. 볏짚이나 나무의 재를 우려낸 물이 '잿물'이에요. 잿물은 알칼리성을 띠므로 세탁에 효과가 있죠. 오래 묵은 때는 콩깍지를 태워 얻은 잿물에 잘 빠졌다고 해요.

조선 말기에 '가성소다'가 우리나라에 들어오면서 잿물 대신 세탁에 쓰였어요. 이를 서양에서 들어온 잿물이라 하여 '양잿물'이라고 불렀죠. 양잿물은 비누가 본격적으로 생산되기 전인 1960년대 초까지 가정에서 세탁용으로 많이 사용되었답니다."

뽑다

· **뽑다**

뽑+아 → 뽑아

① 박힌 것을 잡아당기어 빼내다.

"옛날 중국의 어느 나라에 농부 하나가 있었어요. 어느 날 그는 벼가 자라지 않는 것을 걱정하여 벼를 뽑아 올려 주었어요. 농부는 집으로 돌아와서는 식구들에게 말했어요. '오늘은 매우 피곤하구나. 나는 벼가 자라는 것을 도와주었다.' 이 말을 듣고 식구들은 어떻게 도와주었는지 궁금했어요. 이튿날 농부의 아들이 논에 가 보았어요. 벼는 모두 말라죽어 있었어요."

② 여럿 가운데에서 골라내다.

"고려는 30년간 몽골의 침입을 받았지만, 강도(江都 : 지금의 강화도)로 수도를 이전해 강력히 저항했어요. 고려를 군사적으로 굴복시키기 어려워지자 몽골은 화평을 제안했죠.

　화평이 이루어졌지만, 사실상 고려는 몽골의 부마국이 된 셈이에요. 부마국이라 함은 사위의 나라라는 뜻이에요. 충렬왕 이후 고려는 원나라(1279년 남송을 멸망시켜 중국을 통일할 무렵부터 몽골을 이르는 나라 이름)의 공주를 정비(正妃 : 정식 부인)로 맞아야 했고, 둘 사이에서 태어난 아들만이 다음 왕위에 오를 수 있게 된 겁니다.

　원나라는 고려에 공물은 물론이고 거기에 더해 공녀(貢女 : 때마다 바치는 어린 처녀)까지 요구했어요. 부마국인 고려로서는 거절할 힘이 없었어요. 충렬왕 때부터 공민왕 초기까지 80여 년 동안, 13세에서 16세까지의 처녀 중에서 공녀를 뽑아 원나라로 보냈어요. 수천 명의 어린 처녀들이 팔려간 것입니다.

　원으로 간 공녀들은 대부분 황실과 귀족의 궁인이나 노비가 되었어요. 딸이 공녀가 되는 것을 원치 않는 고려인들은 딸이 열 살이 되면 혼인을 서둘렀어요. '조혼'(早婚 : 이른 나이에 혼인함)의 풍습은 이때부터 생기게 되었답니다."

* 굴복(屈伏) : 머리를 숙이고 무릎을 꿇어 엎드리는 것.
* 화평(和平) : 개인 간이나 나라 사이에 충돌이나 다툼이 없이 평화로운 상태.
* 제안(提案) : 어떤 의견을 내놓음.
* 공물(貢物) : 때마다 바치는 물건.

사라지다

· 사라지다

사라지+었어요 → 사라졌어요
사라지+ㄴ → 사라진
사라지+어 → 사라져
사라지+었다 → 사라졌다
사라지+ㄹ → 사라질
사라지+ㄴ다고 → 사라진다고

① 죽다.

"약 6,500만 년 전, 지름이 10km쯤 되는 거대한 운석이 초속 20km 정도의 빠른 속도로 날아와 지금의 멕시코 유카탄 반도 북서쪽에 떨어졌어요.
 우리가 상상하기 힘든 폭발이 일어났고, 거대한 먼지는 대기권을 뒤덮었으며, 독성이 강한 비가 끝없이 쏟아졌어요. 곳곳에서 화산이 폭발하면서 용암과 함께 유독가스가 퍼져 나갔고, 새까만 화산재가 하늘을 가려 버렸어요.

오랜 세월 동안 태양빛을 받지 못한 지구는 춥고 어두운 날을 보내야 했어요. 그래서 지구상에 살던 생물의 75퍼센트 정도가 멸종했어요. 약 1억 6천만 년 동안 지구생물의 지배자로 살아왔던 공룡도 그때 갑자기 사라졌어요.

물론 공룡이 사라진 이유는 학설이 많아요. 위의 설명은 현재까지 정설로 받아들여지고 있는 '운석 충돌설'에 바탕을 둔 거예요. 하지만 '운석 충돌설'이라고 문제점이 없는 것은 아니에요. 가장 큰 문제점은 운석이 충돌하기 전에 이미 공룡의 수가 빠른 속도로 감소하기 시작했다는 점이에요."

* 멸종(滅種) : 생물의 한 종류가 모두 없어지는 것.
* 정설(定說) : 이미 확정되거나 인정된 학설.

② 현상이나 물체의 자취 따위가 없어지다.

"범죄를 다룬 드라마나 영화를 보면 '범인은 반드시 사건 현장으로 돌아온다'는 대사를 가끔 듣게 돼요. 범인은 범행 현장에서 멀리 사라져 다시는 돌아오지 않을 것 같은데 왜 체포될 위험을 무릅쓰고 범행 현장으로 돌아오는 것일까요?

심리학에서는 그것을 가리켜 '방어적 노출행동'이라고 말해요. '제가 만약 범인이라면 범죄현장에 오겠어요? 제가 왔다는 사실 자체가 저는 범인이 아니라는 걸 말해 주죠.' 이렇게 말하고 싶은 심리가 범인에게 있다는 거죠.

하지만 심리학자의 설명이 일반적이진 않아요. 범행 현장을 기웃거리다가 붙잡힌 범인이 간혹 있기는 하지만, 경찰이 범인이 다시 나타날 것이라 믿고, 범행 현장을 찍고 있는 CCTV에 큰 기대를 거는 것은 어리석은 수사라고 합니다. 일반적으로 사라진 범인은 범행 현장에 다시 안 온답니다."

③ 생각이나 감정 따위가 없어지다.

"통계청이 내놓은 '2018년 사회조사 결과'에 따르면 환경 문제를 걱정하는 사람들이 꼽은 불안 요인은 미세먼지, 방사능, 유해화학물질 순이었어요. '방사능'보다 '미세먼지'가 사람들을 더 불안하게 만든다니, 놀라운 일입니다.

그러다 보니 아직 아이를 낳지 않은 주부나 둘째를 계획하고 있는 엄마들은 출산을 주저할 수밖에 없나 봐요. 포털사이트의 임신·육아 관련 카페 중 아무 곳에나 들어가 보면, '미세먼지 때문에 자녀를 낳고 싶은 생각이 사라졌다' 혹은 '이런 환경에서 둘째를 낳아 키우고 싶지 않다' 같은 글을 쉽게 볼 수 있어요. '여유가 된다면 이민을 가고 싶다'는 글도 눈에 띕니다.

한국은 세계에서 가장 빠르게 인구가 줄어드는 나라예요. 옥스퍼드 인구문제연구소는 저출산 때문에 지구촌에서 사라질 첫 번째 나라로 한국을 꼽았어요. 연구소 측은 2305년이 되면 한국에서 사람이 사라진다고 추정한답니다. 미세먼지 때문에 그때가 더 당겨지게 생겼습니다."

* 주저(躊躇) : 머뭇거리며 망설이는 것.
* 통계청(統計廳) : 기획 재정부 소속으로, 인구 조사 및 각종 통계에 관한 사무를 맡아보는 중앙 행정 기관.
* 추정(推定) : 추측해서 판정함.

사로잡다

- 사로잡다

사로잡+아 → 사로잡아
사로잡+았고 → 사로잡았고

① **사람이나 짐승을 산 채로 잡다.**

"사탕수수의 즙을 여러 차례 끓이면서 불순물과 색을 없앤 후 말리면 하얀 결정이 돼요. 새하얀 설탕이 만들어지는 거죠. 15세기, 유럽의 상인들이 설탕이 돈이 된다는 사실을 알게 되면서부터 비극적인 설탕의 역사가 시작됐어요.

상인들은 카리브 해 주변에 대규모 사탕수수 농장과 설탕 공장 수백 개를 만들어 본격적으로 설탕을 제조했어요. 설탕은 유럽으로 비싼 값에 팔려 나갔어요. 4m가 넘는 사탕수수를 베어 즙을 낸 다음 큰 솥에서 여러 번 끓여 설탕을 만드는 일은 아메리카 원주민 노예들의 몫이었어요.

이들이 고된 노동을 이기지 못하고 모두 죽자, 이번에는 아프리카에 살고 있던 흑인들을 사로잡아 와 그 일을 시켰어요.

신대륙으로 끌려 온 흑인 노예들도 하루 20시간에 달하는 고된 노동을 못 견디고 비참하게 죽어 갔어요. 검은 노예들의 희생으로 새하얀 설탕을 만든 겁니다.

노예무역이 확대되면서 유럽으로 실려 가는 설탕의 양이 폭발적으로 늘었어요. 또한 사탕무를 활용한 설탕 제조 기술이 발달하고, 산업혁명 이후 제조 방식이 기계화됨에 따라 설탕은 더 이상 큰돈이 되는 장사 품목이 아니었어요. 그러자 마치 자비를 베풀 듯, 프랑스가 1807년, 노예무역을 법으로 금지했고, 영국도 1833년, 식민지의 노예를 해방시켰어요."

* 비극적(悲劇的) : 슬프고 비참한.
* 폭발적(爆發的) : 갑자기 엄청난 기세로 터지는.

② 생각이나 마음을 온통 한곳으로 쏠리게 하다.

"일본은 7세기에 불교를 받아들이면서부터 고기를 먹지 않았어요. 섬나라인 까닭에 생선이 풍부해 그러한 식생활이 가능했죠.

하지만 1868년, 메이지 유신 이후 상황이 달라졌어요. 근대화를 통해 서양을 따라잡아야 한다고 생각한 메이지 천황은 육식을 장려했어요. 일본인도 서양인처럼 고기를 먹어야 체력도 강해지고 체격도 커질 것이라고 생각했기 때문이에요. 천 년 넘게 생선만을 먹어 온 일본인에게 누린내 나는 고기는 입맛에 맞지 않았어요.

그래서 황실 요리사였던 시마다 신지로는 1929년, 일본인의 입맛에 맞는 고기요리를 개발해 국민들에게 소개했어요. 그가 개발한 돈가스는 일본인의 입맛을 사로잡았고, 지금까지도 사랑받는 음식이 되었어요.

　돈가스는 일제 강점기인 1930-1940년대에 한국에 소개됐고, 간단한 서양요리를 파는 가게, 즉 경양식집이 유행하기 시작한 1960년대부터 대중적인 요리로 자리잡았어요."

* 유신(**維新**) : 낡은 제도를 새롭게 고침.
* 황실(**皇室**) : 황제의 집안.
* 경양식집 : 간단한 서양식 요리를 파는 가게.

살다

· 살다

살+고 → 살고
살+아 → 살아

① 어떤 곳을 터전으로 삼아 생활하다.

"지구에는 약 250만 종의 생물이 살고 있어요. 갑자기 겸손해지지 않나요? 우리 인간은 '250만분의 1'밖에 안 되잖아요. 더군다나 고작 10만 년 전에 탄생한 인간이 터전으로 삼고 있는 지구에는 훨씬 더 오래 전부터 수많은 생물들이 살고 있었어요. 예를 들어 바퀴벌레는 3억5천만 년 전부터 지금까지 살고 있답니다. 인간은 '지구'를 터전으로 생활하고 있지만, 그 터전의 주인, 혹은 정복자는 아니랍니다."

② 생명을 잃지 않다.

"2018년 6월 23일, 태국의 한 클럽에 소속된 유소년 축구팀

선수 12명과 코치 1명이 관광을 위해 탐 루엉 동굴에 들어갔어요. 그런데 갑자기 내린 비로 동굴 안에 물이 차올랐지요. 13명 모두 실종됐어요.

　동굴 길이는 최대 10km로 추정될 만큼 길었어요. 게다가 많은 비가 내려 동굴 안에 물이 계속 차올랐지요. 구조작업은 거의 불가능에 가까웠어요. 실종자들이 살아 있을 확률은 갈수록 낮아졌지요.

　하지만 영국, 미국, 호주 등 전 세계에서 온 동굴 구조 전문가들과 태국의 특수부대 '네이비 실'의 잠수대원들은, 실종자들이 살아 있을 것이라는 희망을 버리지 않고 연합작전을 펼쳤어요. 그리고 실종된 지 10일 만인 7월 2일 밤, 영국의 동굴 탐사 전문가 2명에 의해 실종자들이 발견됐어요. 발견 당시 13명 모두는 기적처럼 살아 있었어요.

　계속되는 비로 구조하는 데 일주일이나 걸렸어요. 그리고 마침내 7월 10일, 실종된 지 17일 만에 13명 전원이 무사히 구조됐어요. 구조 활동에 참여한 네이비 실 잠수대원들은 구조 작업이 끝난 뒤, 이것이 기적인지 과학인지 얼떨떨하다고 페이스북에 글을 남겼다고 합니다."

③ 어떤 특징이 생생하게 나타나거나 살아 움직이는 기운이 드러나다.

"석굴암 본존상은 석굴암의 대표적인 불상이에요. 높이는 불상을 올려놓은 대까지 합하면 약 5미터 정도이죠. 신체 각 부분이 자연스럽고 세련된 솜씨로 조각되어 있어, 살아 숨 쉬는 듯한 부처의 형상을 하고 있습니다.
 법의는 왼쪽 어깨에 걸쳐 있으며, 두 다리는 결가부좌를 틀고 있어요. 결가부좌란 한쪽 다리를 구부려 반대쪽 허벅지 깊숙이 올리고 반대쪽 다리를 그 위에 올려놓는 자세를 말해요.
 높은 대 위에 앉은 불상은 깊은 깨달음을 얻은 진정한 승리자의 위엄을 지녔지만, 정작 불상 주위를 감도는 기운은 온화함과 자비로움이에요. 전 세계에 내놓을 만한 조각의 걸작이 아닐 수 없습니다."

* 형상(形狀) : 물건의 생긴 모양이나 상태.
* 법의(法衣) : 부처나 승려가 입는 옷.
* 위엄(威嚴) : 점잖고 엄숙한 것. 그런 태도나 기세.
* 걸작(傑作) : 매우 훌륭한 작품.

생기다

· 생기다

생기+었는지 → 생겼는지
생기+고 → 생기고
생기+지 → 생기지
생기+면 → 생기면

① 사람이나 사물의 생김새가 어떠한 모양으로 되다.

"수진이는 메테를링크의 《파랑새》를 읽고, 파랑새가 어떻게 생겼는지 궁금해졌어요. 그런 수진이를 위해, 아빠는 파랑새의 모양을 크레용으로 스케치북에 그려 주셨어요. 파랑새는 우리나라에서도 볼 수 있어요. 절 주위에 많이 산다고 해서 '승려새'라고 불리기도 한대요. 깊은 산 속 절에서 고시 공부를 한 적이 있는 아빠는 파랑새를 많이 보셨대요. 그래서 어렵지 않게 그리실 수 있었어요."

② 없던 것이 새로 있게 되다.

 "우리 몸을 이루는 세포들 중에는 ① '생기고 죽고 생기고 죽고'를 반복하는 세포도 있지만, ② 한 번 태어나면 영원히 죽지 않는 세포도 있어요.
 ①의 예를 두 가지 들어 볼게요. 세균이나 바이러스 따위를 잡아먹는 세포인 백혈구는 약 1주일 정도 살다 죽어요. 피 속에서 산소를 나르는 세포인 적혈구는 약 120일 정도 살다 죽고요. 하지만 우리 몸은 죽은 만큼의 백혈구와 적혈구를 금세 다시 만든답니다.
 이번에는 ②의 예를 한 가지 들어 볼게요. 대뇌에 있는 신경 세포는 어머니 뱃속에서 받은 것만으로 평생을 써요. 세포가 죽은 다음, 그를 보충하기 위해 새로운 세포가 생기지 않는 거죠. 세포의 수가 계속 적어지기 때문에 나이가 많이 들어 할머니 할아버지가 되면 건망증이 심해지고 기억도 희미해진답니다."

③ 어떤 일이 일어나다.

 "우리는 감기에 걸리면 코맹맹이 소리(ㅁ, ㄴ, ㅇ, 이 3가지 소리가 섞인 소리)를 해요. 왜 그럴까요?
 'ㅁ, ㄴ, ㅇ', 이 3가지 소리는 발음할 때, 공기가 입이 아니라 코 쪽으로 빠져나가요. 이때 목젖이 중요한 일을 해요. 이 3가지 소리를 낼 때는 목젖이 입 쪽 통로를 막아 공기가 코로 나가게 하고, 그 밖의 소리를 낼 때는 목젖이 코 쪽 통로를 막아 공기가 입으로 나가게 하는 겁니다.

  그런데 감기에 걸리거나 목이 붓는 등 목젖에 문제가 생기면, 목젖은 이 일을 제대로 하지 못해요. 그러면 'ㅁ, ㄴ, ㅇ'이 아닌 소리를 낼 때도 공기가 코 쪽으로 새어 나가게 되죠. 그래서 'ㅁ, ㄴ, ㅇ', 이 3가지 소리가 섞인 코맹맹이 소리를 하게 되는 겁니다."

* 목젖 : 목구멍의 안쪽 뒤 끝에 위에서부터 아래로 내민 둥그스름한 살.
* 새다 : 틈이나 구멍으로 조금씩 빠져나가거나 빠져나오다.

어울리다

· 어울리다

어울리+지 → 어울리지
어울리+었습니다 → 어울렸습니다

① 서로 잘 조화되어 자연스럽게 보이다.

"우리의 민간신앙에서는 도깨비가 있다고 믿어요. 신앙의 대상이 되는 것이 대부분 그렇듯이 당연히 실제로는 없어요. 죽은 사람의 영혼이 변해서 되는 귀신과 달리, 도깨비는 나무나 풀 같은 자연물, 빗자루나 부지깽이 같은 사람이 쓰는 물건이 변해서 돼요.
　도깨비를 그린 그림이나 조각품을 보면, 대개는 뿔이 있고 표정이 험상궂고 다리는 하나예요. 하지만 도깨비의 마음은 그런 모습과 전혀 어울리지 않아요. 춤과 노래를 좋아하고, 미련하지만 착하며, 사람을 절대 해치지 않아요. 그저 밉지 않은 심술을 부릴 뿐이랍니다."

* 민간신앙(民間信仰) : 예부터 사람들 사이에 전해 내려오는 신앙.
* 부지깽이 : 아궁이에 불을 땔 때, 땔감을 밀어 넣거나 불을 쑤시는 데 쓰이는 가느다란 막대기.

② 함께 사귀어 잘 지내거나 일정한 분위기에 같이 휩싸이다.

"거의 30여 년 동안 베트남의 민족운동 지도자였던 호치민(1890-1969). 그는 냉정한 전략과 지도력으로 조국을 구했지만, 일상생활에서는 평생 동안 검소했어요. 대통령으로 일할 때도 대통령궁을 사용하지 않고, 근처 허름한 집에서 항상 농민복을 입고 서민들과 어울렸습니다.

1969년 9월 2일, 호치민은 작은 서재와 생활 도구 몇 가지만을 남기고 사망했어요. 그의 유언 중 한 대목이에요. '장례식에 국민의 돈과 시간을 낭비하지 마라. 나의 시신을 화장하고, 재를 3등분하여 도자기 상자에 담아 북부·중부·남부에 뿌려라.' 하지만 그의 유언은 지켜지지 않았어요, 그의 시신은 방부 처리되어 거대한 묘에 전시되었답니다."

* 전략(戰略) : 전쟁을 이끌어나가는 방법.
* 화장(火葬) : 시체를 불사르고, 남은 뼈를 모아 장례를 치름.
* 방부(防腐) : 신체 전부나 일부를 썩거나 변질되지 않게 만드는 것.

얻다

· 얻다

얻+게 → 얻게
얻+기 → 얻기
얻+는 → 얻는

① 자신에게 없는 것을 가지다.

"호주에 정착한 영국인 토머스 오스틴은 1859년 자신의 농장에 유럽토끼 24마리를 풀어놓았어요. '토끼 몇 마리를 데리고 와도 해가 될 일은 없을 거야. 오히려 고향의 느낌도 들고, 사냥터도 얻게 될 테지.' 하지만 그의 예상은 완전히 빗나갔답니다.

풀어놓은 토끼들은 10년 만에 약 10억 마리로 불어났어요. 그로 인해 토종 포유동물의 8분의 1과 셀 수 없이 많은 식물 종이 사라졌고, 목장은 폐허가 되었어요. 유럽토끼는 엄청난 식성과 번식력을 가졌거든요. 넓고 비옥하고 천적도 별로 없는 19세기의 호주는 토끼들의 천국이나 다름없었어요.

호주 정부는 토끼에게 치명적인 바이러스를 살포하는 잔인한 방법까지 동원하여 토끼의 수를 현재 1억 마리 정도로 조절할 수 있게 되었다고 하네요."

* 토종(**土種**) : 본디 그 땅에서 나는 종자.
* 폐허(**廢墟**) : 못 쓰게 된 땅.
* 번식력(**繁殖力**) : 생물이 짝지기를 통해 자기 자손을 늘리는 힘.
* 천적(**天敵**) : 먹이연쇄에서 잡아먹는 생물.
* 살포(**撒布**) : 액체, 가루 등을 뿌림.

② 권리나 지위를 차지하거나 획득하다.

"역사가들에게 답사 여행은 매우 중요해요. 서양에서 역사의 아버지라 불리는 헤로도토스(기원전 484-기원전 430)는 《역사》를 집필하는 데 필요한 자료를 구하기 위해 10여 년 동안 여행했고, 동양에서 역사의 아버지라 불리는 사마천(기원전 145-기원전 85)은 《사기》를 쓰기 위해 3년여 동안 중국의 드넓은 땅을 돌아다녔어요.
하지만 답사 여행을 통해 모은 자료만으로는 역사책을 쓰기 힘들 때가 많아요. 여행하면서 만난 사람들의 기억과 지리적 정보가 믿을 만한 것인지 아닌지 구분하기 힘들기 때문이에요. 그래서 독립된 학문으로서의 지위를 얻기 시작한 근대 역사학에서는 무엇보다 문헌과 같은 사료 탐구가 중요해졌답니다."

* 답사(踏査) : 현장에 가서 보고 듣고 조사함.
* 문헌(文獻) : 연구의 자료가 되는 서적이나 자료.
* 사료(史料) : 역사 연구에 도움이 되는 문헌이나 유물.

③ 가치 있는 것을 가져 누리게 되다.

"전쟁이나 테러, 인종 말살, 재난처럼 비극적 사건이 일어났던 곳을 돌며 교훈을 얻는 여행을 '다크 투어(dark tour : 어두운 여행)'라고 해요. 사실, 그런 암울한 현장을 관광지로 만드는 것에 반대하는 사람도 있을 거예요. 하지만 역사의 감추어진 진실을 알고, 그 진실을 널리 알리기 위해, 인간이 저지른 어두운 역사 현장을 체험하는 일은 소중합니다.

대표적인 다크 투어 명소는 제2차 세계대전 당시 유대인 400만 명이 학살당했던 아우슈비츠 강제 수용소예요. 폴란드에 있는 아우슈비츠 박물관에서 관광객들은 유대인들이 대량 학살당했던 생체실험실, 고문실, 가스실, 처형대 등을 보며 무엇을 느낄까요? 유대인들이 느꼈던 것을 자신도 느끼고 싶은 사람들이 오늘도 '다크 투어'를 떠나는 것이겠죠."

* 말살(抹殺) : 아주 없애 버림.
* 암울(暗鬱)하다 : 희망이 없고 괴롭다.
* 학살(虐殺) : 사람을 마구 죽임.
* 생체실험(生體實驗) : 살아 있는 사람의 몸을 대상으로 하는 실험.
* 고문(拷問) : 어떤 사람이 숨기고 있는 것을 강제로 알아내기 위하여 육체적·정신적 고통을 주면서 물어 보는 것.

엮다

· 엮다

엮+어 → 엮어
엮+어서 → 엮어서
엮+은 → 엮은

① 노끈이나 새끼 따위의 여러 가닥을 이리저리 걸어 어떤 물건을 만들다.

"한여름에 왕골 돗자리를 깔고 누워 있으면, 등이 시원해져서 더위를 잊을 수 있어요. 왕골 돗자리는 우리나라의 전통 공예품이에요. 왕골이라는 풀의 줄기를 가늘게 쪼개서 한 올 한 올 엮어 만든 돗자리죠.
　왕골 돗자리 중에서 가장 잘 알려진 것은 화문석이에요. 화문석은 물을 들인 왕골 줄기로 엮어서 무늬를 만든 돗자리예요. 어르신들께는 건강을 기원하는 뜻에서 학이 새겨진 화문석을, 신혼부부에게는 사이좋게 살라는 뜻에서 원앙 무늬가 있는 화문석을 선물하기도 한답니다.

화문석은 여름철에 더위를 덜 수 있어서 널리 사용되어요. 무늬 또한 아름다워 집을 치장하는 데에도 한몫을 담당하죠. 실내에서도 앉아서 생활을 하는 우리에게 화문석은 빼놓을 수 없는 살림살이 중 하나랍니다."

* 치장(治粧) : 곱게 모양을 내는 것.
* 한몫 : 한 사람이, 혹은 특정한 무엇이 맡은 역할이나 임무.

② (노끈이나 새끼 따위로) 줄지어 매거나 묶다.

"물고기를 짚으로 한 줄에 열 마리씩 두 줄로 엮은 것을 '두름'이라고 해요. '두름'은 수를 세는 단위입니다. 예를 들어 굴비 한 두름은 굴비 20마리, 두 두름은 굴비 40마리입니다. 같은 20마리라도 오징어를 엮어 세는 단위는 '두름'이 아니라 '축'이에요. 오징어 한 축은 오징어 20마리, 두 축은 오징어 40마리입니다.

요즘에는 이런 토속적인 우리말 단위가 점점 쓰이지 않게 되었어요. 단위를 나타내는 어휘가 간소화된 거죠. 소비자들은 '두름'이니 '축'이니 하는 단위들을 사용하기보다는 그냥 '굴비 20마리 주세요' 혹은 '오징어 20마리 주세요' 하고 말합니다.

문명이 발전하고, 정보량이 많아지면, 언어는 그 상황에 맞게 변화해요. 그러는 과정에서 어떤 분야의 어휘들은 대폭 늘어나지만, 다른 어떤 분야의 어휘들은 간소화된답니다. 앞으로는 친근감 있는 우리말 단위들을 더 듣기 힘들어질 겁니다."

* 토속적(土俗的) : 그 고장에만 있는 풍속의.
* 간소화(簡素化) : 복잡한 것을 간략하게 하는 것.

오르다

· 오르다

오르+기로 → 오르기로
오르+려 → 오르려
오르+ㄴ다 → 오른다
오르+지 → 오르지
오르+았어요 → 올랐어요

① 더 높은 곳으로 가다.

"영국의 산악인 조지 맬러리(1886-1924)는 동료들과 함께 세계에서 가장 높은 에베레스트 산 정상에 오르기로 했어요. 하지만 첫 번째, 두 번째 시도는 실패로 돌아갔어요. 1924년, 세 번째 도전을 앞두고 한 강연에서 맬러리는 질문을 받았어요. '왜 굳이 산에 오르려 하는가?' 그의 답은 간단했어요. '산이 거기 있기 때문에, 나는 산에 오른다.' 맬러리는 그냥 거기 있기 때문에 오르려 했던 에베레스트 산 북동쪽 산등성이에서 실종되었고, 사후 75년 만인 1999년, 발견됐어요."

② 실력이나 능률이 높아지다.

"에스파니아, 이탈리아, 그리스 등 지중해 연안의 유럽 국가에서는 '낮잠 자기' 풍습이 있어요. 에스파니아는 오후 1시-4시, 이탈리아는 오후 1시-3시30분, 그리스는 오후 2시-4시에 낮잠을 자요.
왜 이런 풍습이 생겼을까요? 뜨거운 열기 때문에 오후에는 일의 능률이 오르지 않기 때문이라고 하네요. 차라리 짧지만 달콤한 낮잠을 자고, 열기가 한풀 꺾인 후에 일을 하는 것이 효과적이라는 거죠. 짧은 낮잠의 효과는 과학적으로도 밝혀졌다고 합니다."

③ 길을 떠나다.

"괴테는 37세 되던 1786년 9월 어느 날, 독일을 떠나 이탈리아 여행길에 올랐어요. 그리고 1년 9개월 동안의 여정을 기록해 두었다가 책으로 엮었죠. 그 책이 바로 《괴테의 이탈리아 기행》이에요.
하지만 《괴테의 이탈리아 기행》은 단순한 여행기가 아니에요. 물론 이 책을 읽고 나면 당시 이탈리아에 대한 정보를 알게 돼요. 하지만 더욱 감동적으로 알게 되는 것이 있어요. 그것은 무엇이든 끊임없이 탐구하고 성장해 나가려는 한 인간의 집념이에요.
괴테는 새로운 세계인 이탈리아의 자연과 예술과 사회로부터 자신을 성장시킬 수 있는 에너지를 얻어요. 그는 한가로운 여행자가 아니라 끊임없이 움직이는 탐구자인 거죠. 《괴테의 이탈리아 기행》을 읽으며 우리가 이끌려 다니게 되는 곳은 바로 '괴테'라는 한 인간의 내면이에요."

* 여정(旅程) : 여행의 과정이나 일정.
* 내면(內面) : 밖으로 잘 드러나지 아니하는 사람의 속마음. 사람의 정신적·심리적 측면.

이루어지다

· **이루어지다**

이루어지+어 → 이루어져
이루어지+ㄴ다고 → 이루어진다고

① **몇 가지 부분이나 요소가 모여 일정한 성질이나 모양을 가진 존재가 되다.**

 "단세포 생물체의 경우 세포의 죽음은 곧 개체의 죽음을 의미하지만, 다세포 생물체를 구성하는 세포들은, 적당한 때 죽어 줌으로써 도리어 개체를 살려요. 그래야 건강한 새 세포가 생성될 수 있기 때문이에요.
 우리 몸은 무려 60-100조 개의 세포들로 이루어져 있는데, 1초에 약 50만 개의 세포가 죽고 동시에 그만큼의 세포가 새로 만들어져요. 세포분열을 통해 새로운 세포를 만들어 낡고 병든 세포와 교환하는 이 현상을 '신진대사'라고 해요.
 우리 몸은 신진대사의 반복으로 생명을 유지하는 거예요. 이를 위해서 낡고 병든 세포들은 스스로 죽음을 선택해요. 이러한 죽음을 '세포사멸' 혹은 '세포자살'이라고 부른답니다.

만약 낡고 병든 세포들이 죽지 않으면 암세포로 변해 우리의 생명을 위태롭게 하거든요. 결국 죽어야 할 세포들이 잘 죽어 줘야 우리 몸이 건강한 거예요."

* 개체(**個體**) : 하나의 독립된 생물체.
* 생성(**生成**) : 사물이 생겨남.

② 일정한 상태나 결과가 생기거나 만들어지다.

"흔히 우리는 이렇게 생각해요. 위대한 발명이나 발견은 뛰어난 머리와 재능을 가진 천재의 손에서만 이루어진다고 말이에요.

하지만 과학의 역사는 이전의 성과 위에 새로운 성과를 하나 더 얹는 일들에 대한 이야기예요. 그리고 우리에게 이름이 잘 알려진 위대한 과학자들이 이룬 업적 뒤에는 그들과 같은 시대를 산, 다른 이름 없는 과학자들의 노고가 숨어 있어요.

예를 들어 로버트 훅의 빛에 대한 연구 결과가 없었다면 뉴턴의 이론은 빛을 보지 못했을 거예요. 찰스 다윈도 진화론을 가장 먼저 생각해 낸 사람이 아니었어요. 다윈과 같은 생각을 가졌던 수많은 과학자들이 있었는데, 오늘날 그들의 이름을 기억하는 이가 많지 않을 뿐이죠."

* 노고(**勞苦**) : 수고하고 애쓰는 것.
* 진화론(**進化論**) : 생물이 단순한 것에서부터 진화하여 몸의 구조나 기능이 발달해 왔다는 이론.

읽다

· **읽다**

읽+고 → 읽고
읽+으며 → 읽으며
읽+으실 → 읽으실

① 책이나 문서 등을 소리 내어 말하거나 눈으로 보다.

"지금 수진이는 학교 숙제를 하기 위해 《초등학생을 위한 조선 시대의 미술》이라는 책을 읽고 있어요. 사람은 할 수 있고 사람과 거의 유사한 유전자를 가지고 있는 침팬지는 할 수 없는 일이에요.

국가를 만들고, 국가가 학교를 세우고, 그곳에서 아이들은 국가가 가르치고자 하는 지식을 의무적으로 배우고, 옛날 기록들을 토대로 역사를 공부하고, 예술품을 감상하고, 누군가는 책을 쓰고, 또 누군가는 서점에서 그 책을 팔고, 책을 산 사람은 그 책을 읽으며 이해하고……. 이런 일은 인간만이 할 수 있어요."

* 유사(類似)하다 : 서로 비슷하다.
* 유전자(遺傳子) : 생물체에 유전을 일으키는 물질.

② 사람의 표정이나 행위 따위를 보고 뜻이나 마음을 알아차리다.

 "조선 중기의 문신이자 시인이었던 이안눌이 함경도에서 관직을 하던 때 어버이를 생각하며 쓴 <기가서(寄家書, 집에 보낸 편지)>라는 제목의 시 중 한 대목을 소개합니다.
 '고향에 띄우는 편지에 객지에서의 고생 털어놓으려다가 / 백발의 어버이 걱정하실까봐 / 북녘 땅 산에 눈이 천 길이나 쌓였는데도 / 금년 겨울은 봄날처럼 따뜻하다고 아뢰네'
 아버지는, 내 아들 장하다 하시며 편지를 받으셨겠지만, 어머니는 효자 아들의 거짓말에 속아 넘어가지 않으셨을 거예요. 강추위에 곱은 손을 호호 불며 편지를 써내려갔을 아들의 착한 마음을 어머니는 읽으실 수 있거든요. 어머니는 마음이 미어집니다."

잃다

· 잃다

잃+었어요 → 잃었어요
잃+었지만 → 잃었지만
잃+고 → 잃고

① 가졌던 것을 갖지 않게 되다.

"오스만 제국이 1차 세계대전(1914-1918)에서 패전국이 되었어요. 연합국(영국, 프랑스, 러시아, 이탈리아, 일본, 미국)은 1920년 8월 10일 오스만 제국과 세브르 조약을 체결했어요. 오스만 제국의 영토는 조각조각 나뉘어 다른 나라 차지가 될 판이었죠.

이때 '터키 민족주의'를 내세우며 세브르 조약에 반대한 사람이 케말 장군이에요. 케말은 1920년 4월, 그러니까 세브르 조약이 체결되기 4개월 전, 앙카라에 <터키대국민의회> 정부를 수립한 후 터키 민족만의 국가를 세우려는 인물이었어요.

케말이 세브르 조약을 무시하자, 그리스가 터키를 침공해

왔어요. 하지만 케말이 지휘하는 터키군에 패했어요. 이후 <터키대국민의회> 정부는 세브르 조약을 폐기하고, 1923년 7월, 연합국과 로잔 조약을 체결하였어요. 이 조약에서 연합국이 이스탄불과 에게해의 여러 섬들 중 하나를 선택하라고 요구하자, 케말은 서양과의 연결을 중요하게 생각해 이스탄불을 선택했어요. 이로써 <터키대국민의회> 정부는 에게해의 모든 섬을 잃었어요. 참고로 지금의 터키 국민들은 큰 것을 잃었지만, 더 큰 것(이스탄불)을 가졌다고 생각한답니다.

1923년 10월 29일, 케말은 터키 공화국(지금의 터키)을 선포하고, 초대 대통령에 선출되었어요. 오스만 제국의 마지막 술탄 바히데딘은 해외로 도주했으며, 오스만 제국의 600년 통치는 종결되었어요. 참고로 터키 국민들은 케말을 '케말 아타튀르크'라고 불러요. '아타튀르크'는 '투르크인의 아버지'라는 뜻이에요. 지금도 그들은 케말 아타튀르크를 아버지처럼 사랑하고 존경한답니다.

* 체결(締結) : 계약, 조약 등을 맺음.
* 도주(逃走) : 잡히지 않으려고 도망가는 것.

② 정신, 기운, 감각, 목숨 따위가 없어지다.

"1492년 콜럼버스가 아메리카 대륙을 발견한 이후, 1만 년 이상 떨어져 살아왔던 사람들이 만나게 됐어요. 그에 따라 유럽인과 아메리카 원주민은 생물과 음식, 사상과 문화, 종교와 언어 등을 교환하게 되었죠. 이를 '콜럼버스의 교환'이라고 해요.

　유럽에는 칠면조, 카카오, 콩, 옥수수, 토마토, 감자, 땅콩, 고구마 등이 들어왔어요. 반대로 아메리카 대륙에는 양파, 올리브, 커피, 복숭아, 배, 꿀벌, 바나나, 사탕수수, 포도, 양, 돼지, 말, 곡물 등이 들어왔죠.

　하지만 아메리카 대륙에는 아주 작고 무시무시한 생명체가 유럽 사람들과 함께 들어왔으니, 수두와 장티푸스, 그리고 콜레라 병균이 바로 그것이에요. 이 병균으로 인해 아메리카 원주민 중 80%가 목숨을 잃었어요. 원주민들에게 '콜럼버스의 교환'은 '교환'이라기보다는 '재앙'이었어요."

③ 길을 못 찾거나 방향을 분간하지 못하게 되다.

　"관중이 제(濟)나라의 군주인 환공과 함께 '고죽'이라는 나라를 정벌하고 돌아오다가, 그만 길을 잃고 말았어요. 관중은 당황하지 않고 '늙은 말의 지혜를 이용할 수 있을 것이옵니다.' 하고 말했어요. 과연 늙은 말이 가는 길을 따라가면서 무사히 제나라로 돌아올 수 있었다고 해요. 이 이야기에서 '노마식도'(老馬識道, 늙은 말이 길을 알다)라는 고사성어가 생겼어요."

자리잡다

· **자리잡다**

자리잡+았어요 → 자리잡았어요
자리잡+은 → 자리잡은

① 외부의 변화에 흔들리지 않을 만큼 정착하다

 "두레는 농사일을 공동으로 하기 위하여 마을 단위로 만든 농민 공동체예요. 두레에 참가한 사람을 '두레꾼'이라 하고, 모임 전체를 '두레패'라고 해요.
 조선 후기에 이앙법이 널리 퍼지면서 농민들의 생활풍습으로 자리잡았어요. 이앙법은 못자리에서 싹을 틔운 모를 논에 옮겨 심는 농작법이에요. 잡초를 뽑아내기도 쉽고 생산량도 많지만 집중적인 노동력이 필요해요. 그래서 두레가 생긴 거예요.
 두레는 농민들이 스스로 만든 공동 노동 조직이었기 때문에 자주적 성격이 강하고, 규율도 제법 엄격했어요. 하지만 일꾼이 없는 집의 농사일도 도와주고, 큰일을 당한 이웃이 있으면 일손이 되어 주는 인정 많은 조직이었어요. 두레패가 가장 중요하게 생각한 것은 서로 돕고 사는 마음이었던 거예요."

② 자리를 차지하다.

"우리나라의 이름, 즉 '코리아(Korea, Corea, Coria, Core 등 수없이 많음)'가 세계에 알려진 것은 고려 때예요. 이전 시대와 달리 고려 때 외국과의 무역이 활발했기 때문이에요. 황해 예성강 어귀의 벽란도는 중국, 거란, 일본, 동남아시아, 아라비아 상인들로 붐비는 국제 무역항이었다고 해요. 이들 중 동양과 서양의 중간 지역에 자리잡은 아라비아 상인들이 '코리아'라는 이름을 서양 세계에까지 알렸답니다.

우리나라가 서양의 지도에 분명하게 나타난 것은 1595년, 포르투갈 선교사 테이세이라가 만든 <일본열도>부터라고 해요. 그런데 이 지도에 우리나라 이름은 '코리아(Corea)'로 돼 있어요. 조선시대에 그려진 지도이지만 나라 이름은 '코리아'로 돼 있는 거죠. 이후에 서양에서 만들어진 지도 역시 마찬가지예요. 서양인에게 우리나라의 이름은 고려 때 '코리아'로 굳어졌다고 볼 수 있습니다."

* 어귀 : 어떤 곳을 드나들 때 거치는 첫머리.
* 벽란도 : 경기도 개풍군 서면의 예성강 하류에 있었던 항구이다. 이곳은 물이 깊어 선박이 자유로이 통행할 수 있었으며 고려의 수도였던 개경과 가까웠다. 그래서 고려 때 국제 항구로 발전하였다.

잡아먹다

· **잡아먹다**

잡아먹+는 → 잡아먹는
잡아먹+는다고 → 잡아먹는다고

① 동물을 죽여 그 고기를 먹다.

"백혈구는 혈액을 구성하는 세포 중 하나예요. [수많은 일을 하지만 그 중 하나만 들면] 몸에 상처가 났을 때 혈관에서 나와 상처 부위로 달려가 병원균을 잡아먹는 일을 해요. 이를 '식균 작용'이라고 하죠. 한 개의 백혈구는 5~100개의 병원균을 잡아먹은 후 자신도 죽어 누런 고름이 되어 몸 밖으로 나옵니다. 그러니까 상처에 생기는 고름은 백혈구의 시체인 셈이에요.

백혈구가 너무 적으면 몸에 들어온 병원균과 제대로 맞서 싸우지 못해 상처가 잘 낫지 않고, 갖가지 병에 걸리게 돼요. 하지만 백혈구가 지나치게 많아도 문제예요. 정상적인 백혈구의 수명은 2주일 정도인데, 그 이상이 되어도 죽지 않는 비

정상적인 백혈구가 생겼을 가능성이 많거든요. 반드시 의사의 진단을 받아야 해요."

② 경비, 시간, 자재, 노력 따위를 낭비하다.

"루브르가 최초로 박물관이 된 것은 1793년이에요. 초기에는 왕실에서 수집한 미술품을 보관하고 전시하는 곳이었다고 해요. 나폴레옹이 집권한 이후 수없이 많은 원정 전쟁을 통해 예술품을 약탈하면서 대규모 박물관으로 변모하였지요. 서양의 박물관들이 대부분 그렇듯, 루브르 박물관 역시 그다지 예술적이지 않은 추악한 역사를 가지고 있는 거죠.

현재 루브르 박물관은 고대에서부터 19세기 중반에 이르기까지의 예술품 38만 점을 소장하고 있으며, 그중 3만5천 점이 전시돼 있다고 해요.

세계 각지에서 몰려든 관광객들이 루브르 박물관을 찾다 보니, 입장권을 구매하는 데만 2-3시간씩 잡아먹는다고 해요. 박물관에 들어가기 전부터 이미 지쳐 정작 위대한 예술품을 감탄어린 눈으로 볼 수 없게 되는 거죠.

이런 문제 때문에, 줄 서지 않고 바로 입장할 수 있는 입장권, 소위 패스트 트랙 티켓(fast track ticket)을 판매하고 있답니다. 판매하는 곳은 박물관에서 걸어서 5분 걸리는, 파리 시티 비전(Paris City Vision)이라는 여행사예요. kkday라는 사이트에서도 예약할 수 있다고 합니다."

* 원정(遠征) : 먼 곳으로 싸우러 나가는 것.
* 변모(變貌) : 모습이 달라지거나 바뀌는 것.
* 추악(醜惡) : 더럽고 흉악한 것.
* 소장(所藏) : 간직하여 두는 것.

지키다

· 지키다

지키+어야 → 지켜야
지키+어 → 지켜

① 규정, 약속, 법, 예의 따위를 어기지 아니하고 그대로 실행하다.

"경찰이 범죄 용의자를 연행할 때는 세 가지 사항을 꼭 알려 줘야 해요. ① 진술을 거부할 수 있다는 점, ② 진술이 재판 때 불리하게 작용할 수 있다는 점, ③ 변호인에게 도움을 요청할 수 있다는 점.
경찰이 이를 어기고 연행했다면, 이로 인해 얻어진 증거를 유죄를 판단하는 자료로 사용할 수 없어요. 이를 '미란다 원칙'이라고 해요. 원칙의 이름은 어느 미국 청년의 이름에서 따온 거예요. 1963년 3월, 미국 경찰은 납치 및 성폭행 혐의로 미란다라는 이름의 청년을 연행해 자백을 받아 냈어요. 하지만 경찰은 용의자를 연행할 때 위 세 가지 사항(①,②,③)을 말해 주지 않았어요. 이 사실이 재판 과정에서 알려지자, 연방 법원은 미란다에게 무죄를 선고했어요.
 이 판결 이후 경찰이 범죄 용의자를 연행할 때 지켜야 할 원칙, 즉 '미란다의 원칙'이 법으로 정해지기 시작했어요."

* 연행(連行) : 데리고 가는 것.
* 진술(陳述) : 자세하게 말하는 것.

② 재산, 건강, 안전 따위를 잃지 않도록 보호하거나 감시하여 막다.

 "머리카락은 피부 속 '모낭'이라는 털주머니에서 나와 하루에 0.2-0.3㎜ 정도 자라요. 머리카락 개수는 사람마다 다르지만 평균적으로 8만-10만 개 정도라고 해요. 머리카락은 추운 날, 우리 몸의 열이 머리를 통해 빠져 나가는 것을 막아 줘요. 또한 충격으로부터 뇌를 보호해 주고, 여름날 뜨거운 직사광선을 막아 주죠. 이렇게 머리카락은 추위와 더위, 나쁜 광선과 충격으로부터 우리 머리를 지켜 줍니다."

짓다

• 짓다

짓+어 → 지어
짓+고 → 짓고
지+었어요 → 지었어요
짓+기 → 짓기

① 이름 따위를 정하다.

"태조, 태종, 세종, 세조와 같은 호칭은 왕들의 이름이 아니라 묘호(廟號)입니다. '조(祖)' 아니면 '종(宗)'이 붙는 묘호는 왕이 죽은 후 신하들이 왕의 일생을 평가해 지어 주는 거예요. 나라를 세우거나 그에 버금가는 공이 있는 왕은 '조'를 붙여 짓고, 덕으로 나라를 다스리고 문물을 융성하게 한 공이 있는 왕은 '종'을 붙여 지었어요. 다만 광해군과 연산군같이 왕의 자리에서 쫓겨난 경우는 묘호를 짓지 않았어요."

② 논밭을 다루어 농사를 하다.

"사냥한 고기와 야생 식물을 먹으며 살아가던 구석기인들은 먹을 것이 부족해지면 살던 땅을 떠났어요. 하지만 신석기 시대에 들어서면서 사정은 달라졌어요. 오랜 세월 동안 야생 식물이 나고 자라는 것을 관찰한 신석기인들은, 차츰 씨를 뿌리고 가꿔 곡식을 얻는 방법을 알게 되었어요. 농사를 짓기 시작한 거지요. 또한 신석기인들은 더 이상 사냥감을 찾아 이곳저곳을 떠돌아다니지 않았어요. 소와 염소, 양 같은 동물들을 길들여 가축으로 길렀기 때문이에요.

인류 최초의 신석기인은 현재 이라크 남부지역에 살던 수메르 인이었다고 해요. 이후 세계 모든 대륙에서 농사를 짓고 가축을 기르기까지 수천 년의 시간이 걸렸습니다."

③ 한데 모여 줄이나 무리 따위를 이루다.

"코끼리는 보통 적게는 6마리에서 많게는 70마리까지 무리를 지어 생활해요. 보통 할머니 암코끼리가 우두머리가 되어 무리를 이끌죠. 그런데 무리 지어 생활하는 코끼리들 중 대부분은 암컷이고, 수컷은 새끼들만 있어요. 나이가 들어 어른이 된 수코끼리는 무리에서 쫓겨나 혼자 살거나 2-3마리씩 모여 살기 때문이에요. 어른 수코끼리는 오직 짝짓기를 할 때만 무리에 들어온답니다."

찾다

· 찾다

찾+아 → 찾아
찾+는 → 찾는
찾+음 → 찾음

① 어떤 대상을 만나거나 얻으려고 주위를 살펴보다.

"올빼미는 큰 눈을 가졌지만 시각이 뛰어난 편은 아니에요. 대신 청각은 놀라울 정도로 발달했어요. 아주 작은 소리만 들어도 그 소리를 내는 대상의 위치, 그리고 그 대상까지의 거리를 정확하게 계산할 수 있죠.

한편 날갯짓이 부드러워 소리를 거의 내지 않고 대상에 접근할 수 있어요. 그래서 그런지 올빼미는 낮에는 잠을 자거나 쉬고 밤이 되면 사냥감을 찾아 날아다녀요.

올빼미가 왜 밤에만 활동하는지 정확하게 알려지지는 않았다고 해요. 다만 뛰어난 청각과 비행 기술이 밤 사냥에 유리한 것은 사실입니다. 깜깜한 밤에 사냥감 바로 위로 소리 없이 다가가 순식간에 잡아먹는 올빼미를 한번 상상해 보세요."

② 모르는 것을 알아내고 밝혀내다.

 "오랜 진화 과정 속에서 자연이 스스로 풀어낸 해법을 가져다 우리 삶에 응용하는 연구를 '의생학(擬生學)'이라고 해요. 이 용어는 이화여대 최재천 교수가 만든 것인데, 다른 과학자들은 '청색기술'이라는 용어를 사용하기도 하죠. 청색기술은 자연에서 영감을 받거나 자연을 모방해서 만든 기술을 말해요.
 용어가 무엇이든 '자연을 흉내 내는 일'이 과학기술 분야에서 활발해지고 있어요. 바야흐로 '자연에서 답을 찾는' 과학기술 시대가 열리고 있는 겁니다.
 예를 하나만 들어 볼게요. 연꽃잎에는 좀처럼 먼지가 쌓이지 않아요. 잎의 표면에 돋아 있는 수천 분의 1㎜ 크기의 미세돌기들 때문에 동글동글 맺히는 물방울들이 굴러다니며 먼지를 씻어내기 때문이죠. 바로 이 원리를 이용하여 2010년, 카이스트 양승만 교수팀은 세차가 필요 없는 자동차, 김이 서리지 않는 유리, 비에 젖지 않는 섬유, 비나 눈물에 얼룩이 지지 않는 화장품 등을 제작하는 데 사용할 수 있는 '미세구슬'을 개발했어요."

* 영감(靈感) : 창의적인 일의 동기가 되는 생각이나 자극.
* 모방(模倣) : 본뜨거나 본받는 것.

③ 잃거나 빼앗기거나 맡기거나 빌려주었던 것을 돌려받아 가지게 되다.

"1945년 8월 15일, 라디오를 통해 일본 천황은 연합군에 무조건 항복한다는 내용의 연설을 했어요. 이에 따라 일본의 식민 통치를 받던 한반도는 광복을 맞이하게 되었지요. 여기서 '광복'이란 '빼앗긴 주권을 다시 찾음'이라는 뜻을 가집니다.

8·15 광복은 연합군이 일본에 승리하면서 얻어진 결과이지만, 우리의 독립운동도 나름대로 제 역할을 했어요. 3·1 운동, 대한민국 임시 정부의 외교와 한국광복군의 결성, 만주에서의 무장 독립 전쟁 등이 없었다면, 광복의 기쁨이 그토록 크지는 못했을 겁니다."

치르다

· **치르다**

치르+었어요 → 치렀어요
치르+ㄹ → 치를

① **주어야 할 돈을 내주다.**

"시장에 이상한 상인이 하나 있었어요. '인생을 지혜롭게 사는 방법'을 팔고 있었으니까 얼마나 이상해요. 많은 사람들이 그 상인 앞에 모였어요. 그중에는 그 마을의 랍비(유대교의 율법학자)도 있었어요. 그가 상인에게 말했어요. '어디 한번 들어 봅시다. 그 방법이 그럴 듯하면 사겠소.' 상인이 대답했어요. '인생을 지혜롭게 사는 방법은 바로 자신의 혀를 조심하는 것입니다.' 그 말에 랍비가 감탄했어요. '과연 맞는 말이오.' 사람들은 모두 상인에게 값을 치렀어요. 이상은 《탈무드》에 전하는 이야기예요."

② 무슨 일을 겪어 내다.

"초혼(招魂)은 사람이 죽었을 때 제일 먼저 하는 의례예요. 지붕 위에 올라가서 고인이 입던 저고리를 북쪽을 향해 휘두르며 고인의 이름을 세 번 외치는 일이죠. 떠나간 혼이 돌아와 고인이 다시 살아나기를 바라는 가족들의 슬픈 마음이 담겨 있어요. 지붕 위에 올라가는 것은 혼이 붕 떠 떠다니기 때문이고, 북쪽을 향하여 부르는 것은 저승이 북쪽에 있기 때문이에요. 하지만 죽은 사람이 다시 살아날 리가 있나요. 가족의 죽음을 이렇게라도 해야 비로소 받아들일 수 있는 거겠죠. 이제 초혼 소리를 듣고 이웃들이 한걸음에 달려와 고인의 가족들을 위로하고 초상을 치를 일손이 되어 줄 겁니다.

지붕 위에서 초혼 의례가 진행되는 동안, 대문 앞에는 사잣밥과 함께 짚신 세 켤레 동전 세 닢을 마련해 놓아요. 사잣밥은 염라대왕이 고인의 혼을 저승으로 데려오라고 보낸 세 명의 저승사자를 대접하는 세 그릇의 밥입니다."

* 의례(儀禮) : 형식이나 절차를 갖춘 행사.
* 초상(初喪) : 사람이 죽은 때부터 장례를 다 치를 때까지의 일.
* 일손 : 일하는 사람.
* 염라대왕(閻羅大王) : 저승을 다스리는 왕. 지옥에 떨어진 사람이 살아 있을 때 했던 일들의 잘잘못을 가린다.
* 고인(故人) : 죽은 사람.

키우다

· 키우다

키우+ㄹ → 키울
키우+는 → 키우는
키우+었답니다 → 키웠답니다

① **돌보아 기르다.**

"2013년, 유엔식량농업기구(FAO)에서는 곤충을 미래 식량으로 꼽았어요. 과연 곤충이 멀지 않은 미래에 닥칠 식량난을 해결해 줄 수 있을까요?
　우선 곤충은 수가 아주 많아요. 지구에 사는 생물의 절반 이상이 곤충이에요. 게다가 곤충은 우리 몸에 좋은 단백질, 지방, 비타민, 섬유질, 미네랄을 많이 갖고 있어요. 소·돼지·닭 등을 키울 때처럼 온실가스를 배출하지도 않아 친환경적인 점도 빼놓을 수 없죠. 무엇보다도 곤충은 키우는 데 돈이 별로 들지 않아요. 번식력도 엄청나고요.
　어때요? 곤충이 지구를 먹여 살릴 수 있을 것 같아요?"

② 꿈이나 희망 따위를 길러 나가다.

"국제축구연맹(FIFA)이 주관하는 '2010년 17세 이하 여자 월드컵'에 출전하여 3관왕(우승, 득점왕, 최우수선수상)을 차지했던 선수가 있어요. 혹시 아세요? 바로 여민지 선수예요. 지금은 수원도시공사 여자축구부에서 공격수를 맡고 있죠.

여민지 선수는 초등학교 4학년 때 축구 선수가 된 뒤로 줄곧 '축구 일기'를 쓰며, 세계 최고가 되겠다는 꿈을 키웠답니다. 가족과 떨어져 지내면서 느꼈던 외로움, 한때 왕따를 당하며 겪었던 고통, 부상 때문에 거의 1년간 운동을 할 수 없었던 때의 좌절감, 이런 것들도 일기 쓰기를 통해 이겨 낼 수 있었답니다.

어린이들이 꿈을 키우는 방법이야 여러 가지가 있을 거예요. '일기 쓰기'도 아주 좋은 방법인 것 같아요. 일기는 자신에게 정직해질 때에만, 그래서 자신에게 진심으로 충고와 용기를 줄 수 있을 때에만, 오래도록 쓸 수 있거든요. 여민지 선수의 '축구 일기'는, 적어도 여 선수에게만큼은 최고의 훈련 일지 겸 축구 교과서였을 겁니다."

터지다

· **터지다**

터지+는 → 터지는
터지+었어요 → 터졌어요
터지+어 → 터져

① 갑자기 폭발하다.

"1945년 8월 6일 오전 8시 15분 30초. 태평양 비행기지를 출발한 미국의 폭격기 한 대가 히로시마 상공에서 '리틀 보이(Little Boy)'라는 귀여운 이름의 원자폭탄을 떨어뜨렸어요. 57초 후, 무게 약 4톤의 '리틀 보이'가 터지는 순간, 오렌지색 섬광이 번뜩이고 거대한 버섯구름이 피어올랐어요.
 약 7만 명이 폭발 당일 사망했고 약 16만6천 명이 폭발 후 2-4개월 동안 사망했어요. 폭격기 조종사 중 한 사람은 '오, 하느님, 우리가 지금 무슨 일을 저질렀습니까?'라고 중얼거렸다고 해요."

* 섬광(閃光) : 순간적으로 강렬하게 번쩍이는 빛.
* 버섯구름 : 핵폭발 직후에 생기는 거대한 버섯 모양의 구름.

② 박수, 웃음, 울음, 소리 따위가 갑자기 한꺼번에 나다.

"후두염에 걸려 목소리가 제대로 나오지 않는 엄마의 노래에 객석에서는 야유가 터졌어요. 무대 감독은 엄마와 상의한 후 이제 겨우 5살밖에 안 된 꼬마를 엄마 대신 무대에 올렸어요.

노래를 절반쯤 불렀을 때, 꼬마의 귀여운 춤과 노래가 흥겨웠던지 객석에서 무대 위로 동전이 날아들었어요. 꼬마는 노래를 멈추고 순진하게 말했어요. '잠깐만요. 동전을 먼저 줍고 나서 계속 불러 드릴게요.' 객석에서는 폭소가 터져 나왔어요. 동전이 더욱 많이 날아들자 무대 감독이 꼬마가 동전을 줍는 걸 도와주었어요. 꼬마는 자기 동전을 슬쩍 빼앗아 가지 않을까 걱정스러운 눈초리로 무대 감독을 쳐다봤죠. 관객들은 그 모습에 더욱 크게 웃었어요.

관객들은 잘 몰랐겠지만, 그날의 일은 그냥 그저 그런 사건이 아니었어요. 그것은 한 꼬마 인생의 첫 무대였고, 엄마 인생의 마지막 무대였는데, 그 꼬마는 무성영화 시대의 최고의 희극 배우 찰리 채플린이었답니다."

* 후두염(喉頭炎) : 후두에 생기는 염증. 후두는 목의 중앙부에 위치하는 기관으로 호흡과 발성의 기능을 수행한다.
* 폭소(爆笑) : 갑자기 터져 나오는 웃음.

③ 큰일이나 난리 따위가 갑자기 벌어지거나 일어나다.

"고려 왕조가 무너져가던 1361년, 나라를 온통 붉게 물들이는 난리가 터졌어요. 10만 명이나 되는 홍건적이 압록강을 건너 고려로 쳐들어 왔거든요. 수도인 개경까지 함락된 걸 보면, 홍건적의 위력이 대단했었나 봐요. 그들은 중국 원나라 말기에 일어난 한족 농민 반란군인데, 머리에 붉은 띠를 둘렀다고 해서 홍건적이라고 불렸답니다.

하지만 어려운 세상에서 영웅은 등장하는 법이죠. 불과 2,000명의 군사를 이끌고 홍건적을 무찌르고 개경을 되찾은 장수가 있었으니, 그 이름이 바로 '이성계'입니다. 당시 나이는 스물일곱에 불과했지만, 그의 장수로서의 전투 지휘 능력과 활 솜씨는 당할 자가 없었다고 합니다."

* 함락(陷落) : 적의 성, 요새 따위를 공격해 무너뜨리는 것.
* 반란군(叛亂軍) : 반란을 일으킨 군대.

팔다

· 팔다

팔+는 → 파는
팔+았어요 → 팔았어요
팔+다가 → 팔다가
팔+지 → 팔지

① 값을 받고 물건이나 권리 따위를 남에게 넘기다.

"1930년대, 충무(현재 통영시)는 남해 뱃길의 중심지였어요. 그래서 부두에는 어부들을 상대로 김밥을 파는 마을 할머니들이 많았지요. 그런데 어부들이 김밥이 금세 상해 버린다고 하소연하는 경우가 많았어요.

어느 할머니 한 분이 이 문제를 해결할 수 있는 방법을 생각해 냈어요. 김밥과 김밥 속 반찬을 분리하는 것이었어요. 그 할머니는 손가락 두께로 밥만 싼 작은 김밥, 그리고 무김치와 쭈꾸미무침(혹은 오징어무침)을 함께 꽂은 꼬챙이를 따로 팔았어요.

가뜩이나 잘 상하지 않는 무김치와 주꾸미무침이 따뜻한 김밥과 닿지 않으니 더욱 상하지 않았어요. 의외로 맛도 있어서 많은 어부들의 사랑을 받았지요. '충무김밥'은 이렇게 시작되었답니다.

세월이 많이 흐른 지금, '충무김밥의 본고장'으로 알려진 통영시 해안로에는 충무김밥 전문점이 수십 곳이나 돼요. 사람들은 이곳을 '충무김밥 거리'라고 부르죠. 이 거리는 바로 앞에 아름다운 통영항과 남해가 보여 산책하기에도 좋답니다."

② 주의를 집중하여야 할 곳에 두지 아니하고 다른 데로 돌리다.

"기원전 212년, 마르켈루스 장군이 이끄는 로마 군이 시칠리아 섬의 도시국가 시라쿠사를 포위하고 공격했어요. 초반 몇 달 동안, 로마 군은 시라쿠사가 보유한 생전 처음 보는 무기들 때문에 공격다운 공격 한번 못했어요. 그 무기들은 대부분 과학자 아르키메데스가 발명한 것이었죠.

하지만 로마 군은 강했어요. 아르키메데스의 무기들로 열심히 싸웠지만 기어코 시라쿠사는 로마 군에 함락되고 말았어요.

아르키메데스는 정작 시라쿠사가 함락된 줄도 몰랐어요. 어려운 기하학 문제를 풀고 있었거든요. 아르키메데스는 로마 병사들이 시라쿠사를 무자비하게 약탈하는 난리 속에서도 기하학 문제를 풀기 위해 땅 위에 그린 도형에만 정신을 팔다가 그를 몰라본 어느 병사에게 죽임을 당했답니다."

* 기하학(**幾何學**) : 도형, 공간의 성질에 대하여 연구하는 학문.

③ 양심이나 지조 따위를 저버리다.

　"1905년, 일본이 우리나라의 외교권을 박탈하기 위해 을사늑약을 체결하는 현장에도 양심의 인간은 있었어요. 참정대신 한규설. 그는 절대로 자신의 양심을 팔지 않고, 을사늑약에 끝까지 반대했어요. 그래서 궁궐의 수옥헌이라는 골방에 감금되는 신세가 되었지요. 조약이 체결되고 풀려났지만 참정대신 자리를 잃었어요. 그리고 1910년 경술국치 이후 남작 작위가 내려졌지만 그 작위 역시 거부했어요. 1920년, 이상재 등과 함께「조선교육회」를 창립하는 등 국민들을 교육하기 위해 힘쓰다가 1930년 눈을 감았답니다."

* 박탈(**剝奪**) : 권리, 자격 따위를 강제로 빼앗음.
* 을사늑약(**乙巳勒約**) : 대한 제국기, 1905년(을사년)에 일본이 한국의 외교권을 빼앗기 위하여 강제로 맺은 조약.
* 감금(**監禁**) : 드나들지 못하도록 일정한 곳에 가두는 것.
* 작위(**爵位**) : 벼슬과 지위.

흐르다

· 흐르다

흐르+고 → 흐르고
흐르+었지만 → 흘렀지만
흐르+어 → 흘러
흐르+지만 → 흐르지만
흐르+ㄴ다 → 흐른다

① 빛, 소리, 향기 따위가 부드럽게 퍼지다.

 "1974년 에티오피아의 하다르 사막에서, 인류학자 도널드 요한슨과 발굴팀이 한 무더기의 뼈를 발견했어요. 발견 당시 때마침 팀원들이 듣는 라디오에서는 비틀스의 노래 <다이아몬드와 함께 하늘에 있는 루시>가 흐르고 있었어요. 그래서 요한슨은, 오스트랄로피테쿠스에 속하는 이 뼈의 주인을 '루시(Lucy)'라고 이름 지었죠.
 발굴팀은 약 320만 년 전에 직립 보행을 했던 이 여성이 '인류의 어머니'라고 믿었어요. 발굴팀의 주장에 대해서는 논란

이 많았어요. 그럼에도 루시는 발굴 이후 20여 년 가까이 '최초의 인간'으로 불렸지요. 이후 1992년 루시가 발견된 지역 근처에서, '아르디(Ardi)'가 발견되면서 '인류의 어머니'는 바뀌었어요. 아르디는 약 440만 년 전에 살았던 것으로 추정된답니다."

* 오스트랄로피테쿠스 : 뇌 용량은 고릴라보다 약간 큰 정도이고 유인원의 특징이 있으나 완전한 직립 보행을 했다는 점에서 인류에 가깝다.
* 논란(論難) : 여럿이 서로 다른 주장을 내세우며 다투는 것.

② 시간이나 세월이 지나가다.

"1968년 멕시코 올림픽 때, 짐 하인즈(미국)가 남자 100m 달리기 종목에서 9초95의 기록으로 10초의 벽을 최초로 깼어요. 이후 1991년 칼 루이스(미국)가 9초86, 2007년 아사파 포웰(자메이카)이 9초74를 돌파하며 기록을 단축해 왔죠. 현재 세계 신기록 보유자는 우사인 볼트(자메이카)예요. 그는 2009년 세계 육상 선수권 대회에서 9초58로 세계 신기록을 세웠죠.
 100m 세계 신기록이 9초대로 진입한 이후 50년이 넘는 세월이 흘렀지만, 더 이상 큰 폭으로 단축되지는 않고 있어요. 전문가들은 8초대 진입은 불가능하다고 보고 있어요. 아무리 스포츠 과학이 고도로 발달하고 인간의 잠재력이 모두 발휘된다 해도 9초15가 한계라고 예측한답니다."

* 단축(短縮) : 시간, 거리 따위가 짧게 줄어드는 것.
* 잠재력(潛在力) : 겉으로 드러나지 않고 속에 숨어 있는 힘.
* 예측(豫測) : 미리 추측하는 것.

③ 액체 따위가 낮은 곳으로 내려가거나 넘쳐서 떨어지다.

"고대 중국의 사상가 노자가 쓴 것으로 알려진 《도덕경》의 한 대목을 소개할게요. '가장 좋은 것은 물과 같아요. 물은 온갖 것을 이롭게 하면서도 다투지 않고, 모든 사람이 싫어하는 낮은 곳으로 흘러 그곳에 머뭅니다.'

부처가 입적한 후 제자들이 스승의 말씀을 엮은 책 《숫타니파타》의 한 대목도 소개하죠. '바닥이 얕은 개울물은 큰 소리를 내며 흐르지만, 깊은 강물은 소리 없이 흐른다.'

노자와 부처는 사람이 살아가면서 모범으로 삼을 만한 자연물로 물만 한 것이 없다고 생각했나 봐요. 그래서 두 사람은 우리에게 이렇게 살라고 하는가 봅니다. 물처럼 겸손하게, 물처럼 다툼 없이, 물처럼 깊이 있게, 물처럼 한결같이……."

* 노자(老子) : 중국의 고대 사상가. 도가(道家)의 시조로서, '어질고 의로움', '도덕' 등에 구애받지 않고 만물의 근원인 도(道)를 좇아서 살 것을 역설했다. '사람의 힘을 더하지 않은 그대로의 자연', 즉 '무위자연(無爲自然)'을 존중하였다.
* 입적(入寂) : 부처나 승려가 죽음.

참고문헌

· 참고문헌

국립국어연구원.《표준국어대사전》.
고려대학교민족문화연구원.《고려대한국어대사전》.
토박이사전편찬실.《보리 국어사전》. 보리. 2014.
공하린.《세상을 바꾼 과학사 명장면 40》. 살림Frends. 2009.
국립국어연구원.《우리 문화 길라잡이》. 학고재. 2002.
권오길.《어린이 과학자를 위한 몸 이야기》. 봄나무. 2005.
김나미.《김나미 아줌마가 들려주는 세계 종교 이야기》. 토토북. 2005.
김경화.《우리 한옥》. 문학동네. 2011.
김성화/권수진.《과학자와 놀자》. 창비. 2003.
김종현.《세밀화로 그린 보리 어린이 곡식 채소 도감》. 보리. 2017.
김진옥.《씨앗부터 나무까지 식물이 좋아지는 식물책》. 다른세상. 2011.
김진일 외.《세밀화로 그린 보리 어린이》. 보리. 2008.
김찬곤.《인간답게 평등하게 그래서 인권》. 사계절. 2016.

김현주.《세계의 빈곤》. 사계절. 2016.
김현태.《새도감》. 보리. 2017.
박은봉.《한국사편지(1-5)》. 책과함께어린이. 2009.
박은봉/이광희.《한국사상식 바로잡기(1-2)》. 책과함께어린이. 2008.
박인주.《세밀화로 그린 보리 어린이 동물 흔적 도감》. 보리. 2006.
백명식.《발명왕들의 기발한 발명 이야기》. 가문비어린이. 2018.
신혜은.《페스탈로치》. 씽크하우스. 2008.
양대승.《리틀 의사가 꼭 알아야 할 의학 이야기》. 교학사. 2008.
오기노 요이치.《이야기가 있는 세계 지도》. 푸른길. 2014.
윤혜신.《살림살이》. 보리. 2008.
이광식.《별 아저씨의 별난 우주 이야기(1-3)》. 들메나무. 2015.
이근영.《어린이를 위한 의학과 의사 이야기 100》. 이케이북. 2015.
이방 포모/크리스토프 일라-소메르.《한권으로 보는 어린이 인류 문명사》. 한울림어린이. 2016.
이상희.《이상희 선생님이 들려주는 인류 이야기》. 우리학교. 2018.
이순수.《농기구》. 보리. 2009.
이철수.《우리가 정말 알아야 할 우리 농작물 백 가지》. 현암사. 2000.

임병도. 《헌법을 읽는 어린이》. 사계절. 2017.
장수하늘소. 《초등학생이 가장 궁금해하는 새로운 환경 이야기 30》. 하늘을나는교실. 2010.
정수영. 《대한민국 어린이들이 가장 궁금해 하는 역사질문 77》. 주니어김영사. 2008.
정재은. 《우리 역사를 그린 9가지 지도 이야기》. 어린이작가정신. 2010.
조성계. 《호기심 특급 해결 : 과학상식(1-2)》. 2014.
조지욱. 《동에 번쩍 서에 번쩍 세계 지리 이야기》. 사계절. 2012.
존 로이드/존 미친슨. 《동물 상식을 뒤집는 책》. 해나무. 2011.
주강현. 《어린이를 위한 주강현의 우리 문화(1-2)》. 아이세움. 2002.
청동말굽. 《나이살이》. 문학동네. 2010.
최재천. 《통찰》. 이음. 2012.
최재천. 《생명, 알면 사랑하게 되지요》. 다른아이. 2015.
최향숙/신정민. 《수수께끼보다 재미있는 100대 호기심》. 삼성출판사. 2018.
최현석. 《교양으로 읽는 우리 몸 사전》. 서해문집. 2017.
케네스 C. 데이비스. 《말랑하고 쫀득한 세계지리 이야기》. 푸른숲주니어. 2012.
하비 뉴퀴스트. 《위대한 뇌》. 해나무. 2007.
헬렌 켈러. 《헬렌 켈러 자서전》. 문예출판사. 2009.
황근기. 《리틀 과학자가 꼭 알아야 할 과학 이야기》. 교학사. 2005.

위풍당당 동사사전1

초판 발행일 2020년 2월 25일

지은이 **정제원**
발행인 **김미희**
펴낸이 **몽트**

출판등록 2012.12.20 제 2014-0000-38호

주소 안산시 단원구 고잔로 23-12
전화 031-501-2322 팩스 031-501-2321
메일 memento33@menthebooks.com

값12,000원
ISBN 978-89-6989-054-2 71710

www.menthebooks.com

「이 도서의 국립중앙도서관 출판예정도서목록(CIP)은 서지정보유통지원시스템 홈페이지(http://seoji.nl.go.kr)와 국가자료공동목록시스템(http://www.nl.go.kr/kolisnet)에서 이용하실 수 있습니다. (CIP제어번호 : CIP2020006043)